アンティーククロッシェより
50のモチーフと22の作品集

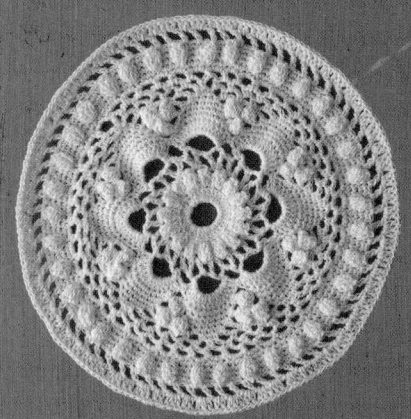

50 Crocheted Motifs
& 22 Works
FROM THE ANTIQUE LACE SAMPLER

文化出版局編
製作／ホビーラホビーレ
協力／福岡美津子

Contents

04　**PROLOGUE**　プロローグ

I　ANTIQUE MOTIFS　アンティークモチーフ集［実物大］

07　**ROUND & SQUARE & FLOWER**　丸・四角・花
17　**REPEATED PATTERN**　リピートパターン
23　**CORNER & BORDER & EDGING**　コーナー・ボーダー・エジング

II　CROCHETED WORKS　作品集

31　**EPISODE**　エピソード

06　**POUCH**　プチポーチ
16　**BAG**　フリルバッグ
22　**LARIAT**　ローズラリエット
33　**POUCH**　サークルポーチ
34　**STOLE**　ヘキサゴンストール
35　**BAG**　スクエアバッグ
36　**LARIAT**　エジングラリエット
37　**MUFFLER**　エジングマフラー
38　**BASKET**　トートバッグ
39　**BLOUSE**　ヨークブラウス
40　**MUFFLER**　フラワーモヘヤマフラー
41　**MUFFLER**　フラワーレースマフラー
42　**NECKLACE & BRACELET**　モチーフネックレス＆ブレスレット
43　**NECKLACE & BROOCH**　フラワーネックレス＆ブローチ
44　**STOLE**　リングストール
45　**BAG**　ポケットバッグ
46　**STOLE**　三角ストール
47　**LARIAT**　レースラリエット
48　**BASKET**　アップリケバッグ
49　**STOLE**　マーガレットストール
50　**STOLE**　モチーフストール
51　**BAG**　グラニーバッグ

52　**YARN**　作品に使っている糸

III　HOW TO MAKE　モチーフの編み方、作品の作り方

PROLOGUE

私がフランス北西部のノルマンディー地方に暮らしながら
アンティークレースなどを収集するようになって、20年以上になります。
この辺りでは、かつて職人や女性たちの手でレースが盛んに編まれていて
今でも魅力的な手編みのレースが数多く残されています。
何年か前、驚くほど精巧に編まれた小さなクロッシェレースが
ぎっしり詰まった古い布箱を手に入れました。
糸端をつけたままのモチーフを台紙にはって整理したものもあれば、
1枚ずつ編んだモチーフ、繊細なエジング、複雑な模様編みなど、
さまざまな編み方をまとめた見本のようでした。
以来、同じようなサンプラーに出会っては手に入れ、
手もとには数百点ものレース資料が集まっていたのです。
どんな人が、どのような目的で、どれほどの手間と時間を注いで
残したものなのかに思いを巡らすうちに、
この繊細で美しいノルマンディーの手仕事の記録を、
たくさんの人たちに手渡すことができたら……。
そんな夢がふくらみはじめました。

福岡美津子

アンティークモチーフ集［実物大］ I

ANTIQUE MOTIFS

POUCH
MOTIF → NO. 01

HOW TO MAKE P.66

プチポーチ

編みながらつないだ花モチーフの袋の口側に、ネット編みをプラス。モチーフの最後の段を鎖編みに変えて、つなぎやすくしました。

Round & Square & Flower

丸・四角・花

NO. 01
《 POUCH P.06 》

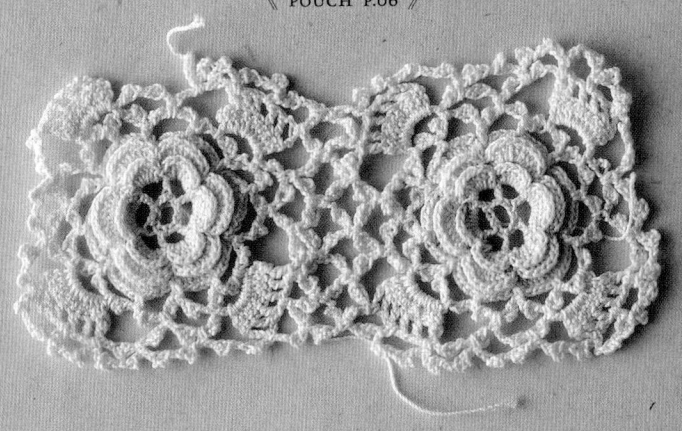

NO. 02

HOW TO MAKE
NO.01 P.66 / NO.02 P.54

NO. 03
《 STOLE P.34 》

NO. 04
《 BASKET P.48 》

How to make
NO.03 P.76 / NO.04 P.54

NO. 05   NO. 06

NO. 07

HOW TO MAKE
NO.05 P.54 / NO.06 P.55 / NO.07 P.56

NO. 08
《 NECKLACE & BROOCH P.43 》

NO. 09

NO. 10

NO. 11

How to make
NO.08 P.65 / NO.09 P.55 / NO.10 P.55 / NO.11 P.57

NO. 12

NO. 13
《 BASKET P.48 》

NO. 14

NO. 15

HOW TO MAKE
NO.12 P.56 / NO.13 P.57 / NO.14 P.57 / NO.15 P.58

NO. 16
《 BASKET P.38 》

NO. 17
《 POUCH P.33 , BAG P.45 》

HOW TO MAKE
NO.16 P.78 / NO.17 P.82,84

NO. 18

NO. 19
《 NECKLACE & BRACELET P.42 》

HOW TO MAKE
NO.18 P.58 / NO.19 P.86

NO. 20
《 BAG P.35 》

How to make
NO.20 P.74

NO. 21
《 BASKET P.48 》

NO. 22

HOW TO MAKE
NO.21 P.78 /NO.22 P.57

BAG
MOTIF → NO. 23
HOW TO MAKE P.68
フリルバッグ

鎖と長編みの目数を増やしながら少しずつフリルを大きくして、スカラップの数を増やさずに台形のシルエットを出しました。

Repeated pattern
リピートパターン

no. 23
《 bag p.16 》

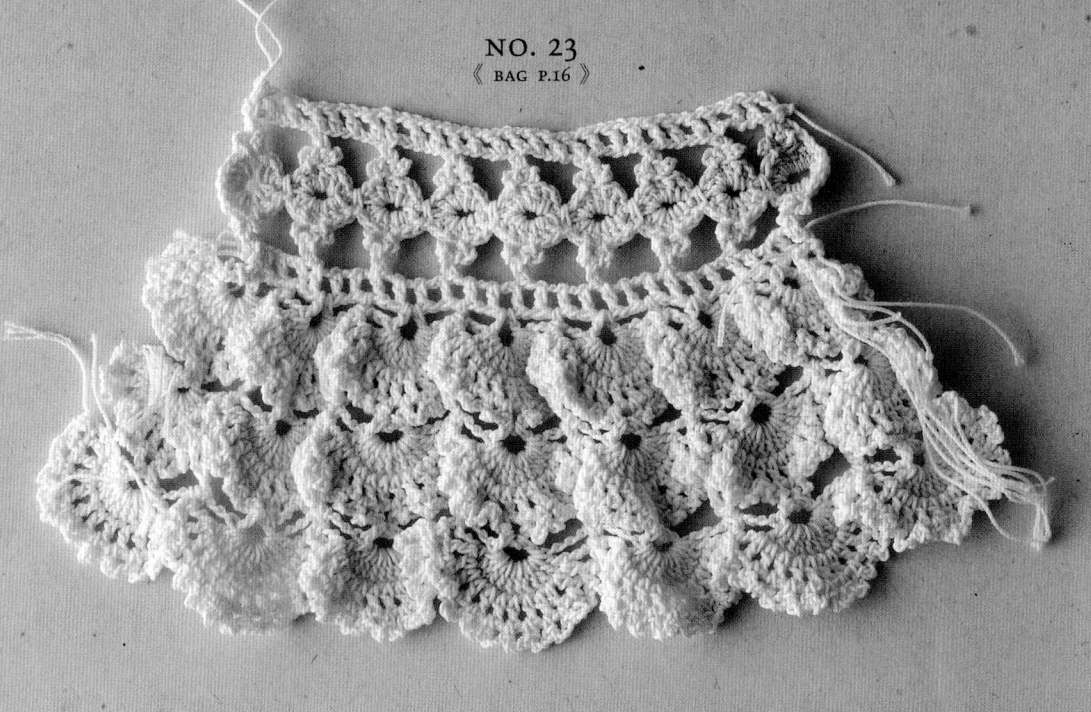

no. 24

How to make
no.23 p.68 / no.24 p.60

NO. 25
《 STOLE P.44 》

NO. 26
《 STOLE P.49 》

How to make
NO.25 P.90 / NO.26 P.81

NO. 27

NO. 28

NO. 29

How to make
NO.27 P.59 / NO.28 P.61 / NO.29 P.61

NO. 30
《 LARIAT P.47 》

NO. 31
《 MUFFLER P.40,41 》

HOW TO MAKE
NO.30 P.80 / NO.31 P.77

NO. 32

NO. 33

How to make
NO.32 P.62 / NO.33 P.63

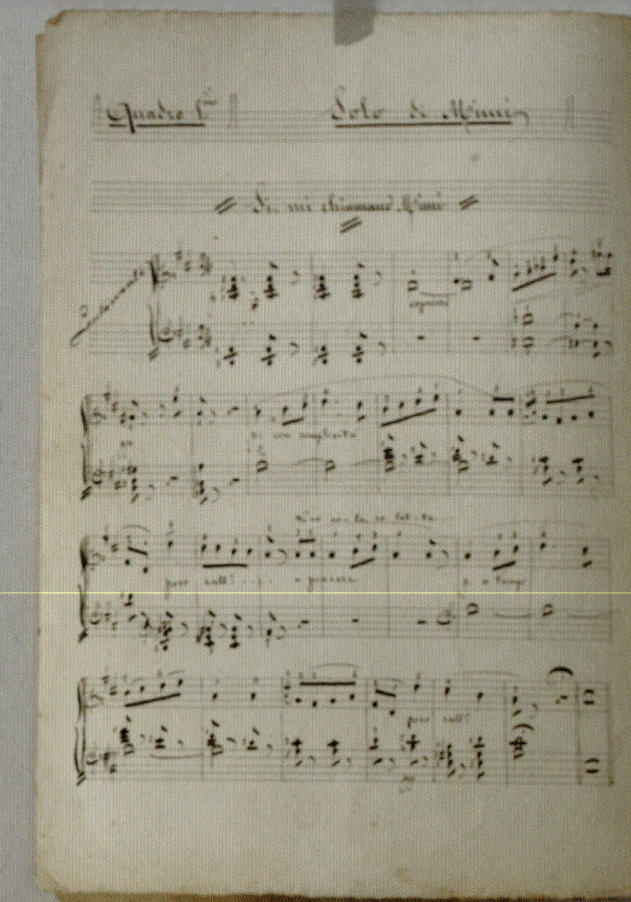

LARIAT
MOTIF → NO. 34

How to make P.70

ローズラリエット

CORNER & BORDER & EDGING
コーナー・ボーダー・エジング

NO. 34
《 LARIAT P.22 》

How to make
NO.34 P.70

NO. 35
《 STOLE P.50, BAG P.51 》

HOW TO MAKE
NO.35 P.88

NO. 40

NO. 41
《 BLOUSE P.39 》

NO. 42
《 STOLE P.46 》

HOW TO MAKE
NO.40 P.64 / NO.41 P.72 / NO.42 P.70

NO. 43

NO. 44

NO. 46

NO. 45
《 LARIAT P.36, MUFFLER P.37 》

HOW TO MAKE
NO.43 P.58 / NO.44 P.59 / NO.45 P.86 / NO.46 P.61

NO. 47

NO. 48

NO. 49

NO. 50

How to make
no.47 p.64 / no.48 p.60 / no.49 p.64 / no.50 p.63

作品集 **III**

CROCHETED WORKS

La Bohème

Giacomo Puccini

Libere trascrizioni facili *diteggiate per le pic*

Pianoforte a 2 mani *Alassio*

REPRODUCTION MOTIF

ANTIQUE MOTIF

CROCHETED WORKS

EPISODE

2009年、福岡さんから託されたクロッシェレースの資料を、
本という形で多くの方に届けるための準備が始まりました。

最初に取り組んだのは、膨大なサンプラーの分類整理。
日本で紹介されていない珍しいモチーフ50種類をセレクトして、
現代の人にもわかる編み方図に置き換えるのです。
一枚一枚の編み方を解き明かす中で印象的だったのは、
当時の編み手が、いかに糸を切らずに編み進めるか工夫していたこと。
糸を続けていくためには、手間と時間のかかる編み方をいとわないのです。
また、現代では必要寸法の作り目や拾い目をして編み始めるエジングに対し、
必要寸法で模様を編み終える技法が多いことも新しい発見でした。
精緻でありながら、編む人それぞれの個性や目的によって、
自由に手加減をしてまとめるおおらかさからは、編み手の人柄も見えてきます。

そして、昔から伝わるモチーフを生かした応用作品のコーナーでは、
アンティークのイメージをそのままシンプルに生かしたり、
モヘヤなどの糸で全く違う魅力を引き出してみたり……。
簡単なアレンジや糸を替えるだけで、
モチーフの世界が広がっていく楽しさを
さまざまなアイディアを盛り込んでご紹介しています。

フランスのノルマンディー地方で、
親から子へ、孫へと伝えられてきたクロッシェレース。
この伝承の手仕事の美しさと奥深さに出会い、
ファッションや暮らしの中で楽しんでいただけたらとてもうれしく思います。

ホビーラホビーレ企画室

REPRODUCTION MOTIFS

復元した昔の編み方のままでは複雑で難しすぎるため、現代の人にもわかる編み方図に置き換える段階で、目数の調整や編み方順序を変更するなどのアレンジをしています。写真は完成した編み方図で編んだモチーフの数々。
糸＝クロッシュコットン（レース糸40番程度）　針＝2号レース針

POUCH
MOTIF → NO. 17 《 P.12 》

HOW TO MAKE P.82

サークルポーチ

基本のままのモチーフにまちをつけた、中袋つきのがま口型ポーチ。本体2枚をとじ合わせて口金に縫いとめます。
＊P.45も同じモチーフのアレンジ作品

STOLE
MOTIF → NO. 03 《 P.08 》
HOW TO MAKE P.76

ヘキサゴンストール
比較的単純な六角形のモチーフつなぎ。2枚めからはモチーフをつなぎながら、三角形に仕上げていきます。

BAG
MOTIF → NO. 20 《 P.14 》

HOW TO MAKE P.74

スクエアバッグ

4弁の大きな花のシルエットを別に編み上げ、小花モチーフを1枚ずつ編みながらつないで、四角い模様にまとめます。

LARIAT
MOTIF → NO. 45 《 P.27 》

HOW TO MAKE P.86

エジングラリエット
スカラップを後から編みつけるのではなく、模様部分と一緒に編み進めます。好きな長さで編終りにできる編み方。

MUFFLER
MOTIF → NO. 45 《 P.27 》
How to make P.86

エジングマフラー
左ページと同じ編み方で編み上げたマフラー。糸をモヘヤ糸に替えるだけで、新しいアイテムに生まれ変わります。

BASKET
MOTIF → NO. 16 《 P.12 》

HOW TO MAKE P.78

トートバッグ　　基本モチーフをほぼそのまま再現してバッグのふたに。パーツはすべてつなぎながら編み上げます。

BLOUSE
MOTIF → NO. 41 《 P.26 》
HOW TO MAKE P.72

ヨークブラウス　　衿ぐり側縁編みは基本モチーフよりもフリルの分量を減らし、外側にもぐるりと縁編みを足しました。

MUFFLER
MOTIF → NO. 31 《 P.20 》
HOW TO MAKE P.77

フラワーモヘヤマフラー
　もとは直径3cm足らずの小さな花モチーフを、モヘヤ糸のマフラーに。最終段でモチーフをつなぎながら編んでいきます。

MUFFLER
MOTIF → NO. 31 《 P.20 》
HOW TO MAKE P.77

フラワーレースマフラー
左ページのマフラーを極細のコットン糸に替えました。使いやすい長さにするために、花モチーフの数を増やしています。

NECKLACE & BRACELET
MOTIF → NO. 19 《 P.13 》
HOW TO MAKE P.86

モチーフネックレス&ブレスレット　基本モチーフから2種類の四角いモチーフを取り出して、手縫い糸でつなぎました。

NECKLACE & BROOCH
MOTIF → NO. 08 《 P.10 》
HOW TO MAKE P.65

フラワーネックレス&ブローチ　　基本モチーフのままの花を、1枚ずつ手縫い糸でつないで作ります。

STOLE
MOTIF → NO. 25 《 P.18 》

HOW TO MAKE P.90

リングストール
中央のリングモチーフをチェーンのように編みつなぎ、基本モチーフに方眼編みを加えた模様編みで左右を編み足します。

BAG
MOTIF → NO. 17 《 P.12 》
HOW TO MAKE P.84

ポケットバッグ
ネット編みの本体の底にモチーフを生かしました。2枚の底に本体を重ねて表に返すと、左のようにまとまります。

STOLE
MOTIF → NO. 42 《 P.26 》
HOW TO MAKE P.70

三角ストール　　密に編んだシンプルな方眼編みの本体の回りに、花モチーフを編み込んだ凝った縁編みをつけました。

LARIAT
MOTIF → NO. 30 《 P.20 》
How to make p.80

レースラリエット　　内側と外側にピコット編みを編み込む手法が新鮮。花モチーフを編みながらつなぎ、両側に縁編みを加えます。

BASKET
MOTIF → NO. 13 《 P.11 》, NO. 21 《 P.15 》 NO. 04 《 P.08 》

How to make P.78

アップリケバッグ

デザイン違いの3枚のモチーフをバスケットにまつりつけました。気に入ったモチーフに替えてアレンジしても。

STOLE
MOTIF → NO. 26 《 P.18 》

HOW TO MAKE P.81

マーガレットストール
基本の模様編みを細長く編んで、ボタンをつけるだけのマーガレット。ボタンをはずしてストールに。

STOLE
MOTIF → NO. 35 《 P.24 》

HOW TO MAKE P.88

モチーフストール
3種類のモチーフをつなぎやすいように配置換え。大きな花モチーフを先に編み、4枚並んだモチーフを編みながらつなぎます。

BAG
MOTIF → NO. 35 《 P.24 》

HOW TO MAKE P.88

グラニーバッグ

左ページと同じ編み方で作るバッグ。緻密で編み方順序が複雑な大きな花モチーフは、裏面を表に使って変化をつけました。

YARN
作品に使っている糸（日本製）

1　CROCHET COTTON　クロッシュコットン
2　WOOL SHAPE　ウールシェイプ
3　FINE MOHAIR　ファインモヘヤ

1 レース編みの美しさを生かせる編みやすい太さの糸。レース糸40番の太さ（0〜2号レース針）
2 ウール100％の強撚糸（2/0〜4/0号かぎ針）
3 キッドモヘヤを使用したソフトな風合いの糸（2/0〜5/0号かぎ針）

※糸の形状（巻き方）は変わっている場合があります。

モチーフの編み方、作品の作り方 III

HOW TO MAKE

ANTIQUE MOTIFS
アンティークモチーフ集／P.07~P.28

使用糸＊《クロッシュコットン》
使用針＊2号レース針

▷ ＝糸をつける
▶ ＝糸を切る

《本書で使用した特殊な編み目記号》

〈下線のある記号〉
=・×・↑ ＝前段が鎖目の場合は、目を割って向う側2本を拾う。
それ以外は、目の向う側1本を拾う(筋編み)

〈太線の記号〉
↑・× ＝前段の2目の間を拾う

▽ ＝さし示す前々段の目に針を入れ、
前段の目を編みくるむ

NO. 02
NO. 04
NO. 05

NO. 04 《P.08》
モチーフの大きさ
＊直径7cm

1段めの長編み＝18目

NO. 05 《P.09》
モチーフの大きさ
＊〈大〉直径11cm
　〈小〉直径6.5cm

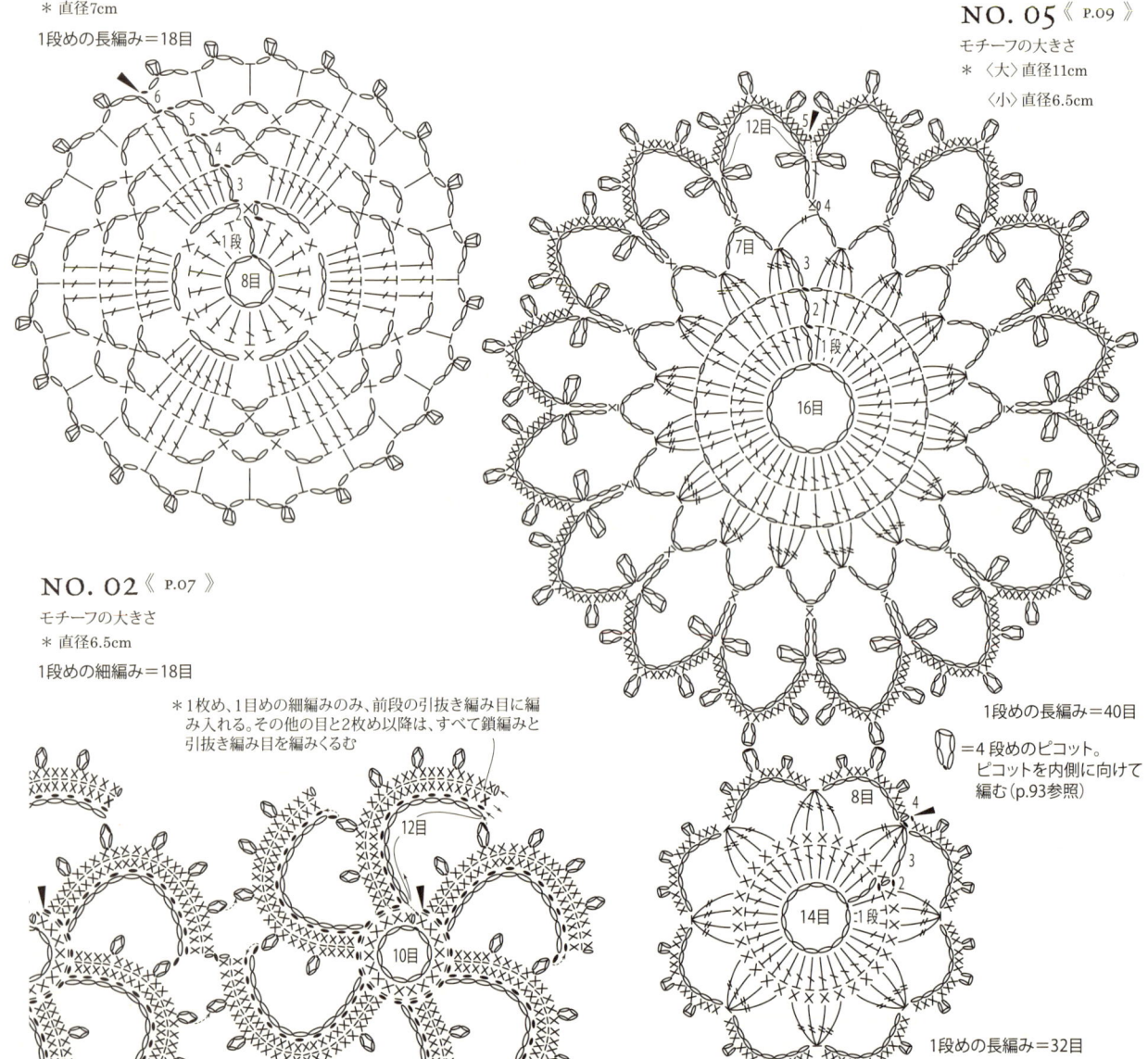

1段めの長編み＝40目

◆＝4段めのピコット。
ピコットを内側に向けて
編む(p.93参照)

1段めの長編み＝32目

NO. 02 《P.07》
モチーフの大きさ
＊直径6.5cm

1段めの細編み＝18目

＊1枚め、1目めの細編みのみ、前段の引抜き編み目に編み入れる。その他の目と2枚め以降は、すべて鎖編みと引抜き編み目を編みくるむ

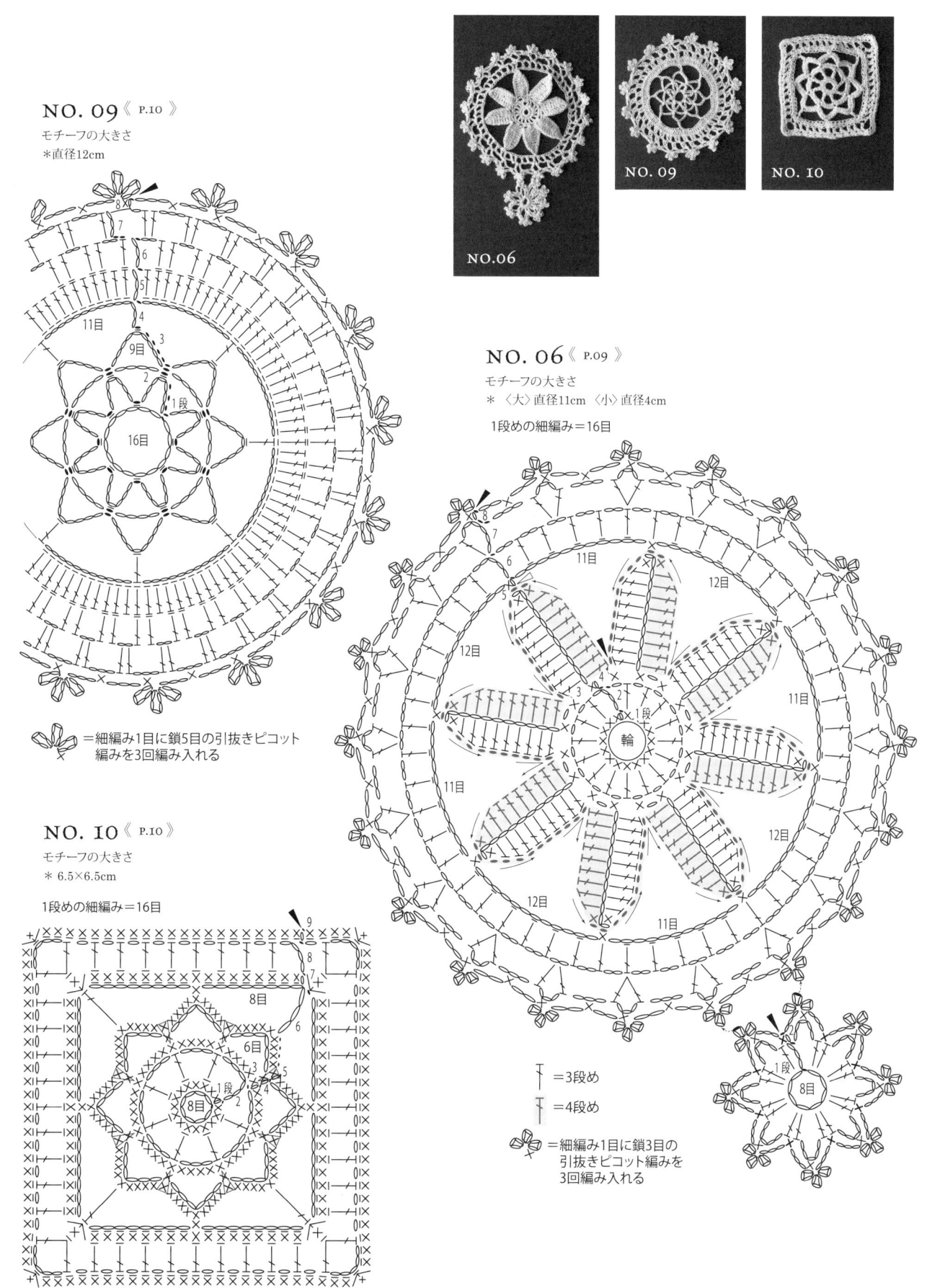

NO. 09 《 P.10 》
モチーフの大きさ
＊直径12cm

= 細編み1目に鎖5目の引抜きピコット
編みを3回編み入れる

NO. 06 《 P.09 》
モチーフの大きさ
＊〈大〉直径11cm 〈小〉直径4cm

1段めの細編み＝16目

↑ ＝3段め
↑ ＝4段め

= 細編み1目に鎖3目の
引抜きピコット編みを
3回編み入れる

NO. 10 《 P.10 》
モチーフの大きさ
＊6.5×6.5cm

1段めの細編み＝16目

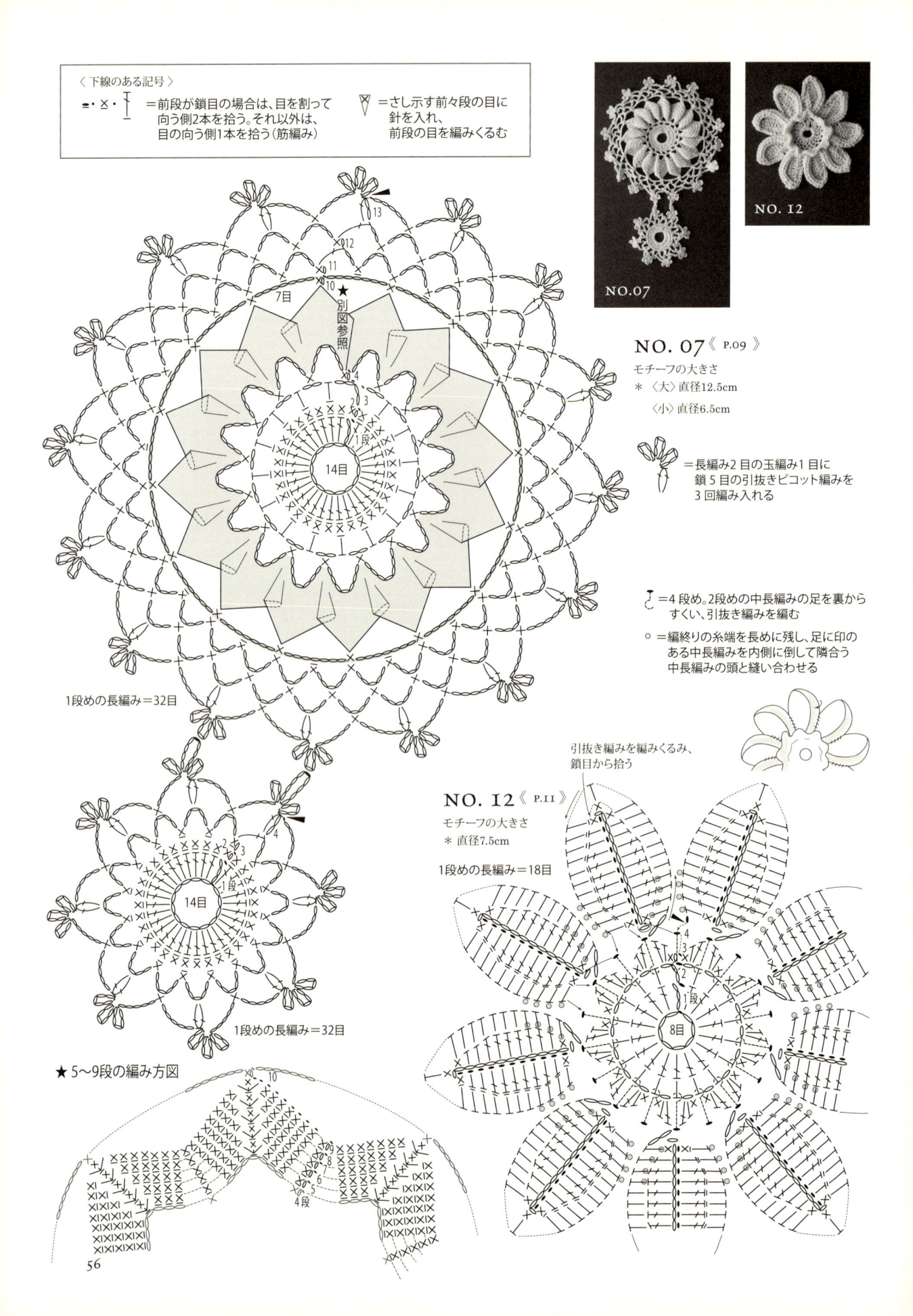

〈下線のある記号〉
= ・×・┃ ＝前段が鎖目の場合は、目を割って
　　　　　向う側2本を拾う。それ以外は、
　　　　　目の向う側1本を拾う（筋編み）

∇ ＝さし示す前々段の目に
　　針を入れ、
　　前段の目を編みくるむ

NO.07

NO.12

1段めの長編み＝32目

14目

7目

★別図参照

NO. 07 《 P.09 》
モチーフの大きさ
* 〈大〉直径12.5cm
　〈小〉直径6.5cm

= 長編み2目の玉編み1目に
　鎖5目の引抜きピコット編みを
　3回編み入れる

↓ ＝4段め。2段めの中長編みの足を裏から
　　すくい、引抜き編みを編む

○ ＝編終りの糸端を長めに残し、足に印の
　　ある中長編みを内側に倒して隣合う
　　中長編みの頭と縫い合わせる

14目
1段めの長編み＝32目

★5〜9段の編み方図

4段

NO. 12 《 P.11 》
モチーフの大きさ
* 直径7.5cm

1段めの長編み＝18目

引抜き編みを編みくるみ、
鎖目から拾う

8目

〈太線の記号〉
┼・× =前段の2目の間を拾う

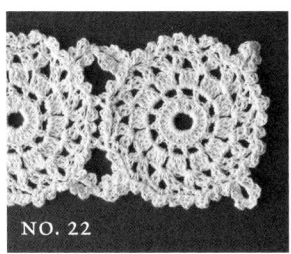

NO. 11 《P.10》
モチーフの大きさ
*直径8cm

ξ =細編みの変り裏引き上げ編み
（前段の目の裏側の足2本をすくう）

┤ =前々段の鎖目を束に拾う

┼・┼ =前の目の足を割ってすくう

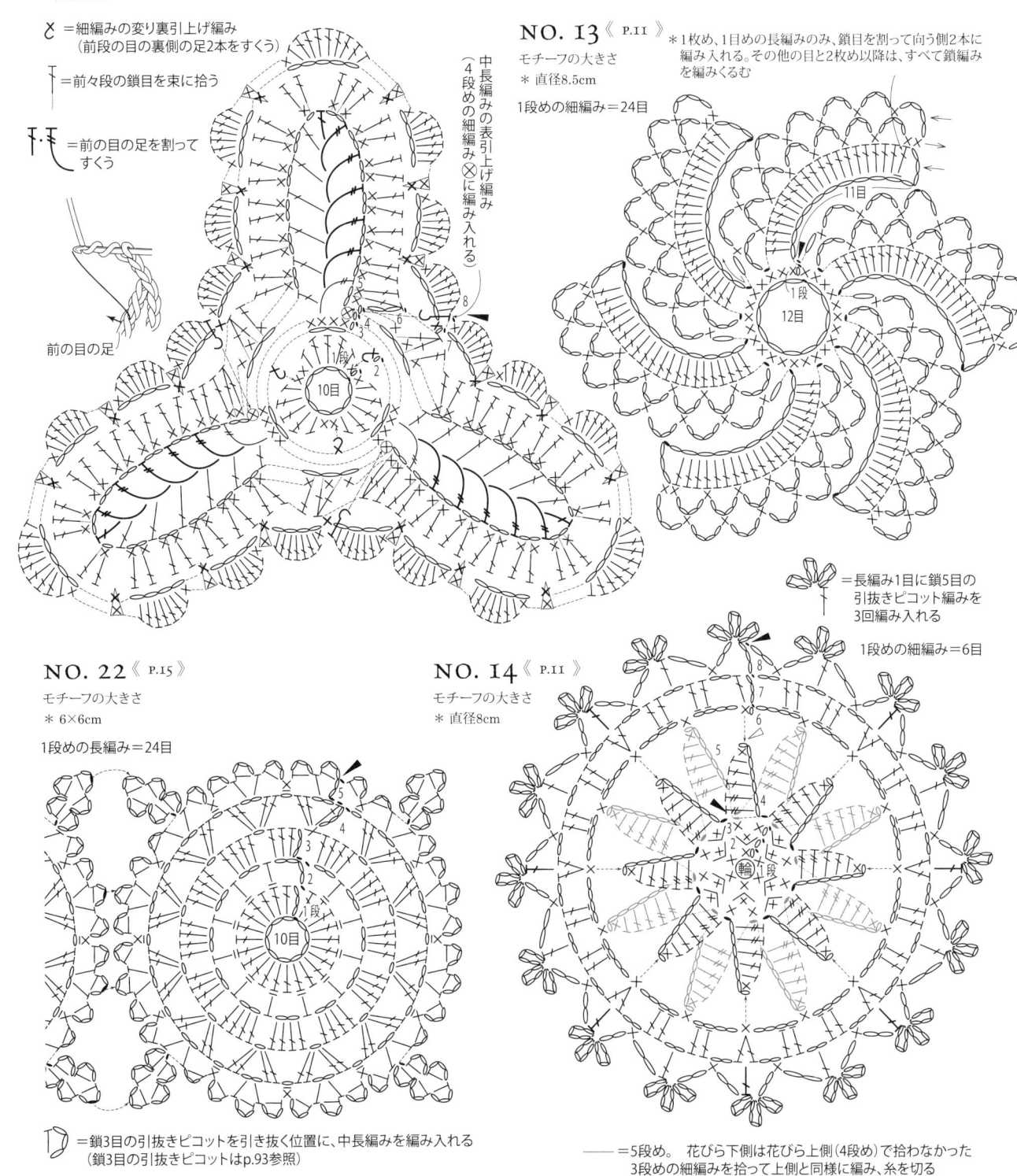

前の目の足

NO. 13 《P.11》
モチーフの大きさ
*直径8.5cm

1段めの細編み=24目

*1枚め、1目めの長編みのみ、鎖目を割って向う側2本に編み入れる。その他の目と2枚め以降は、すべて鎖編みを編みくるむ

中長編みの表引き上げ編み
（4段めの細編み⊗に編み入れる）

NO. 22 《P.15》
モチーフの大きさ
*6×6cm

1段めの長編み=24目

◇ =鎖3目の引き抜きピコットを引き抜く位置に、中長編みを編み入れる
（鎖3目の引き抜きピコットはp.93参照）

NO. 14 《P.11》
モチーフの大きさ
*直径8cm

※ =長編み1目に鎖5目の引抜きピコット編みを3回編み入れる

1段めの細編み=6目

── =5段め。花びら下側は花びら上側（4段め）で拾わなかった3段めの細編みを拾って上側と同様に編み、糸を切る

57

〈下線のある記号〉
= ・ ✕ ・ ╪ =前段が鎖目の場合は、目を割って向う側2本を拾う。それ以外は、目の向う側1本を拾う(筋編み)

〈太線の記号〉
╪ ・ ✕ =前段の2目の間を拾う

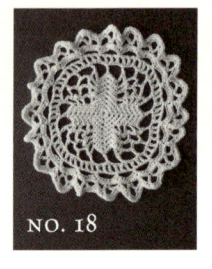

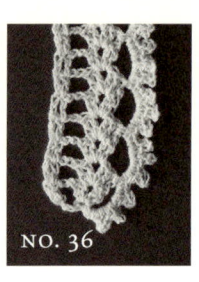

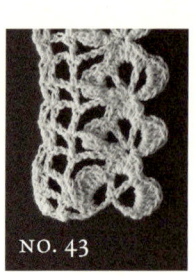

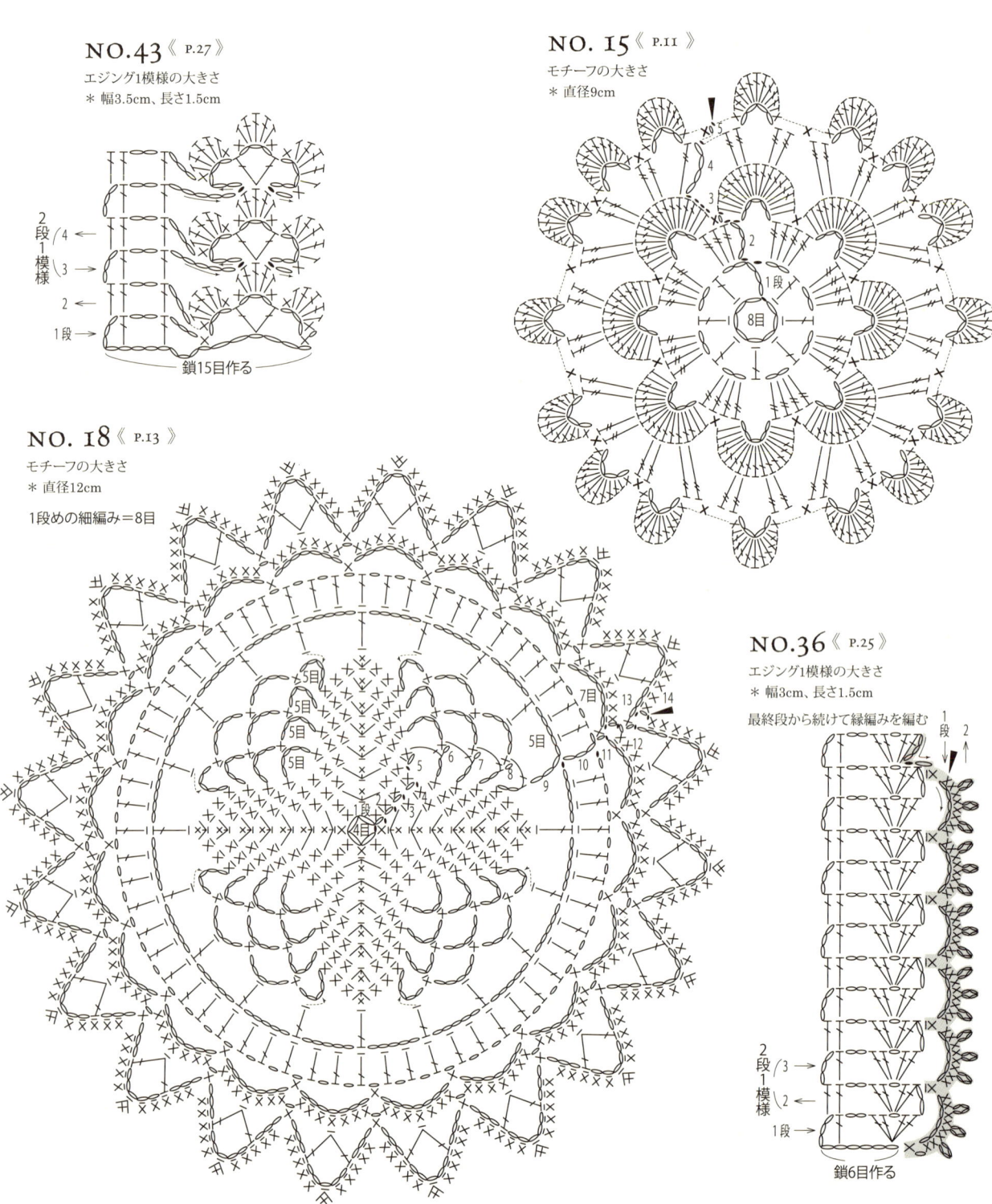

NO. 15
NO. 18
NO. 36
NO. 43

NO.43 《P.27》
エジング1模様の大きさ
＊幅3.5cm、長さ1.5cm

鎖15目作る

NO.15 《P.11》
モチーフの大きさ
＊直径9cm

8目

NO.18 《P.13》
モチーフの大きさ
＊直径12cm

1段めの細編み＝8目

NO.36 《P.25》
エジング1模様の大きさ
＊幅3cm、長さ1.5cm

最終段から続けて縁編みを編む

鎖6目作る

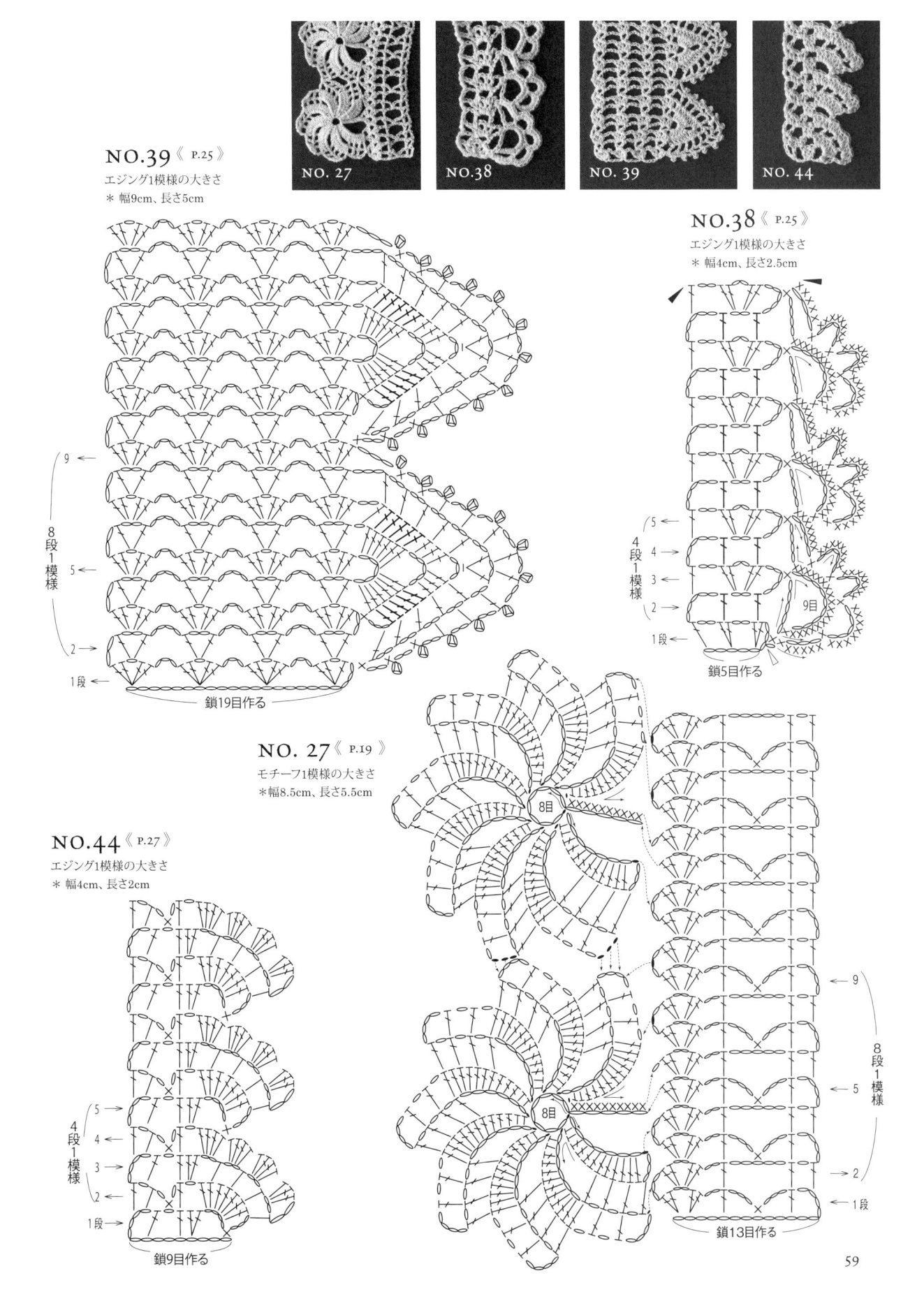

NO. 27　NO. 38　NO. 39　NO. 44

NO.39 《P.25》
エジング1模様の大きさ
＊幅9cm、長さ5cm

NO.38 《P.25》
エジング1模様の大きさ
＊幅4cm、長さ2.5cm

鎖5目作る

NO.27 《P.19》
モチーフ1模様の大きさ
＊幅8.5cm、長さ5.5cm

NO.44 《P.27》
エジング1模様の大きさ
＊幅4cm、長さ2cm

鎖9目作る

鎖13目作る

NO. 24 《P.17》

モチーフの大きさ
＊図参照

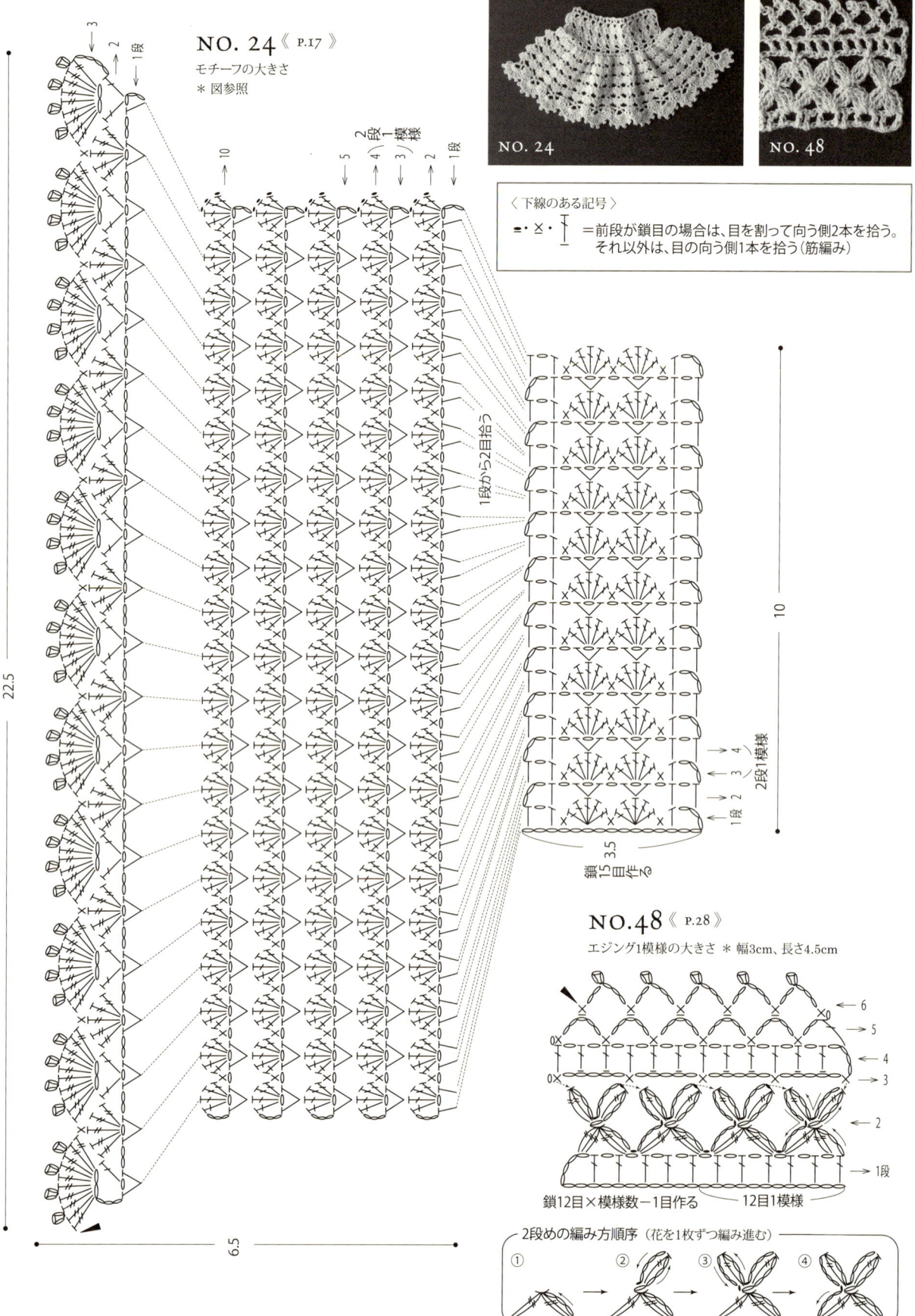

〈下線のある記号〉

= 前段が鎖目の場合は、目を割って向う側2本を拾う。
それ以外は、目の向う側1本を拾う(筋編み)

NO. 48 《P.28》

エジング1模様の大きさ ＊幅3cm、長さ4.5cm

2段めの編み方順序(花を1枚ずつ編み進む)

NO. 28
NO. 29
NO. 46

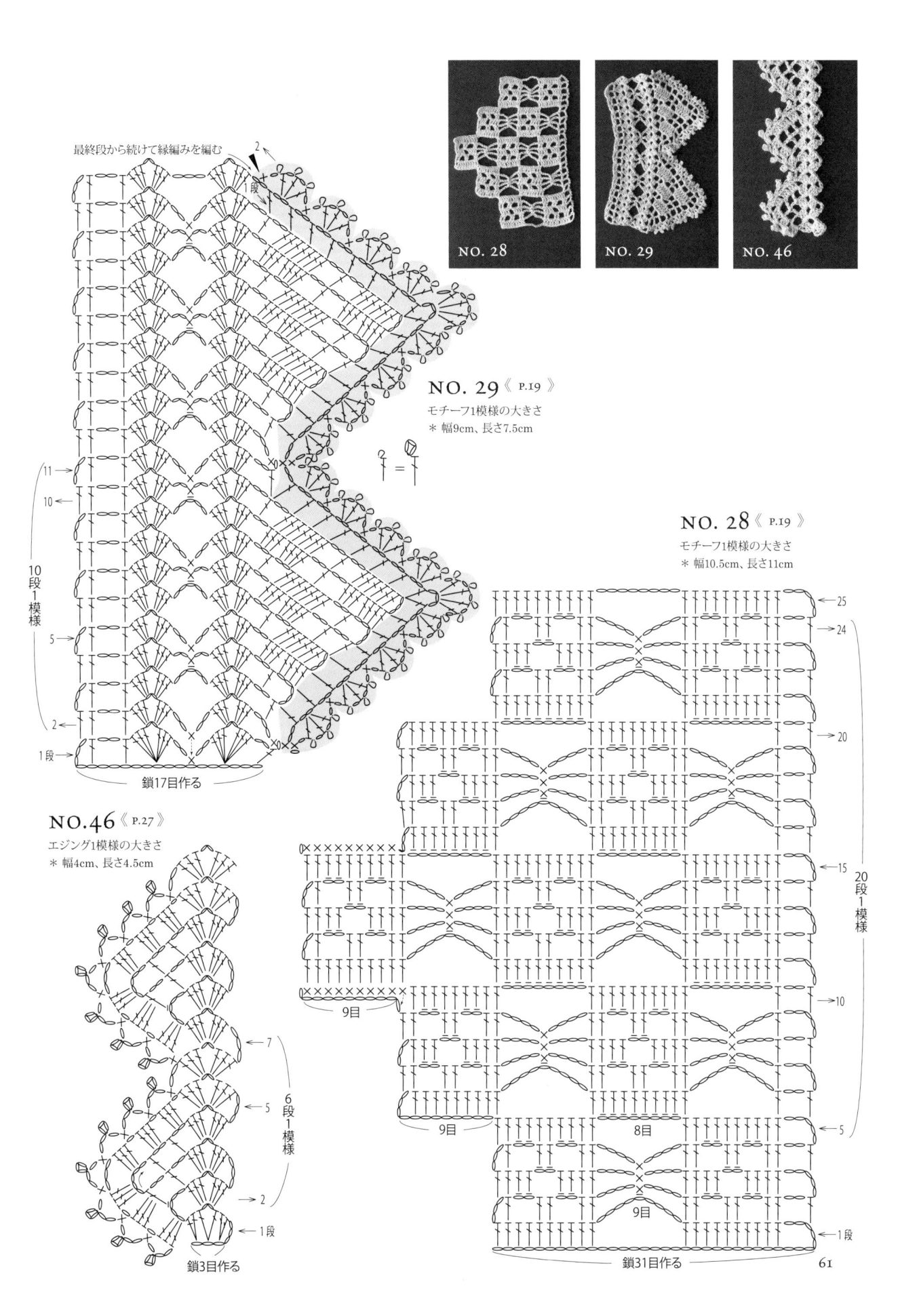

NO. 29 《 P.19 》
モチーフ1模様の大きさ
＊ 幅9cm、長さ7.5cm

最終段から続けて縁編みを編む

10段1模様

鎖17目作る

NO. 28 《 P.19 》
モチーフ1模様の大きさ
＊ 幅10.5cm、長さ11cm

20段1模様

9目

8目

9目

鎖31目作る

NO. 46 《 P.27 》
エジング1模様の大きさ
＊ 幅4cm、長さ4.5cm

6段1模様

鎖3目作る

61

〈下線のある記号〉
=・×・↑ ＝前段が鎖目の場合は、目を割って向う側2本を拾う。
それ以外は、目の向う側1本を拾う（筋編み）

NO. 32

NO.32 《P.21》
モチーフ1模様の大きさ
＊幅16cm、長さ12cm

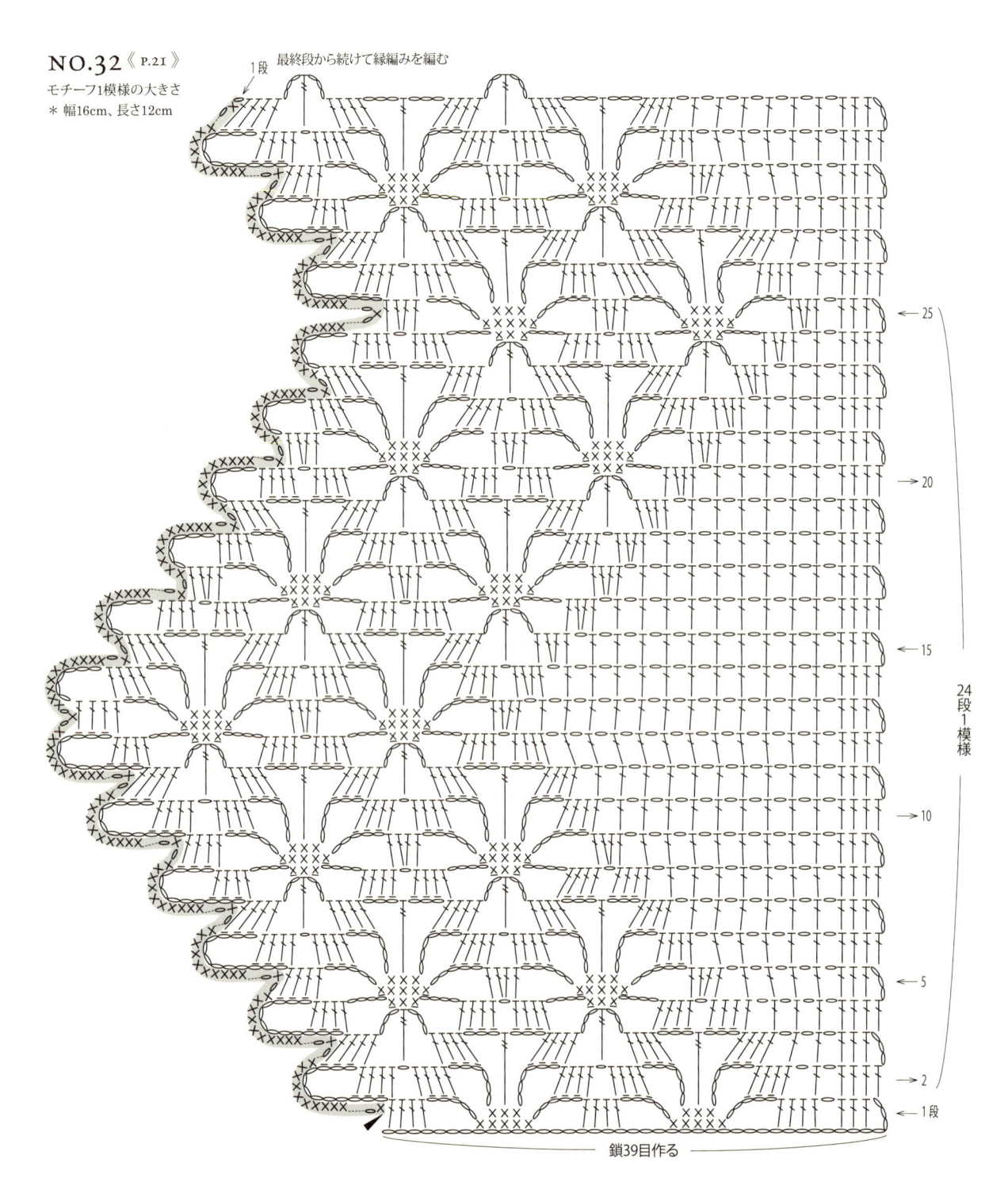

1段
最終段から続けて縁編みを編む

← 25
→ 20
← 15
→ 10
← 5
→ 2
← 1段

24段1模様

鎖39目作る

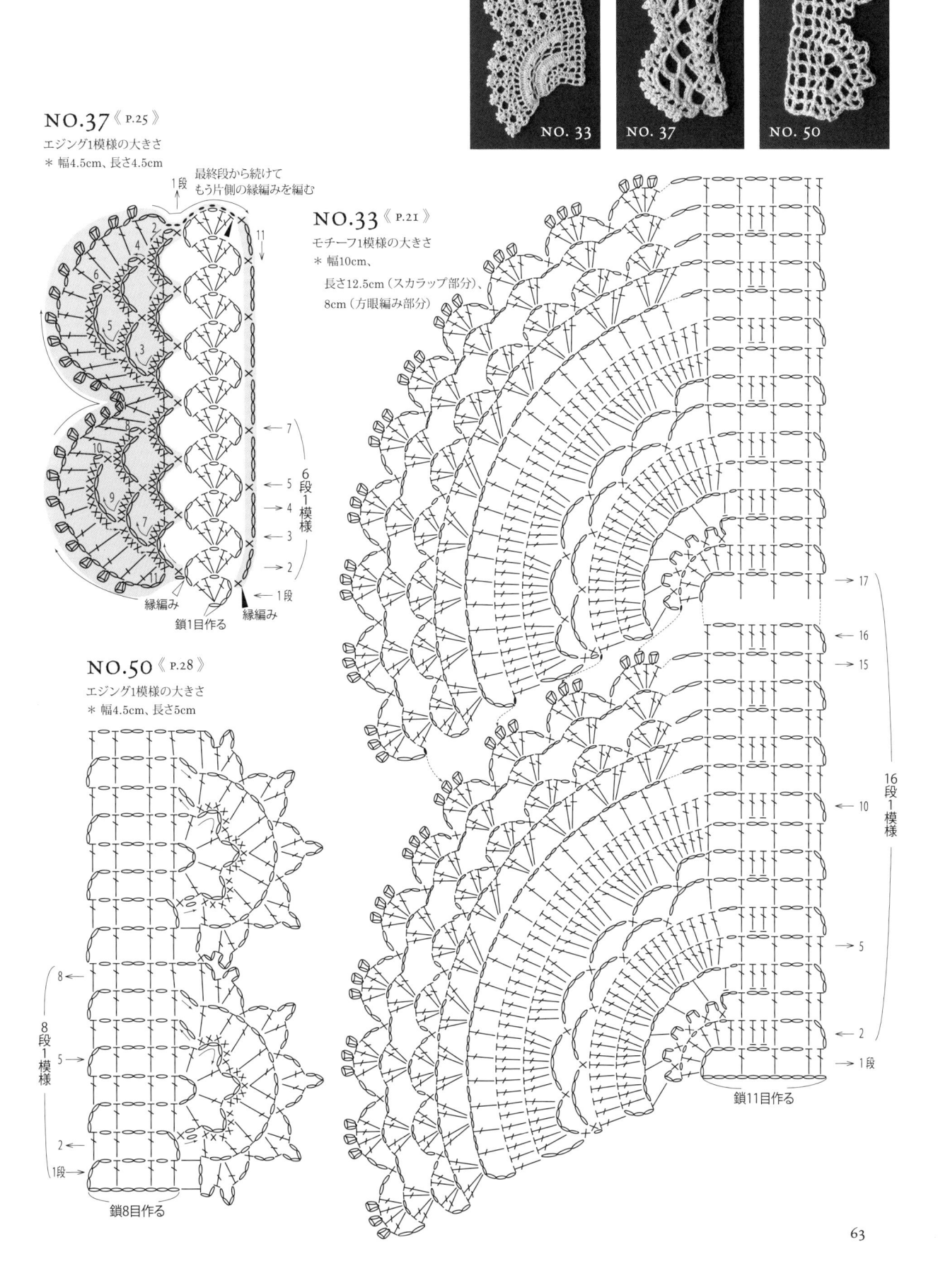

NO.37 《P.25》
エジング1模様の大きさ
＊ 幅4.5cm、長さ4.5cm

NO.33 《P.21》
モチーフ1模様の大きさ
＊ 幅10cm、
長さ12.5cm（スカラップ部分）、
8cm（方眼編み部分）

NO.50 《P.28》
エジング1模様の大きさ
＊ 幅4.5cm、長さ5cm

〈下線のある記号〉
= ・ ⊼ ・ ⊥ =前段が鎖目の場合は、目を割って向う側2本を拾う。それ以外は、目の向う側1本を拾う（筋編み）

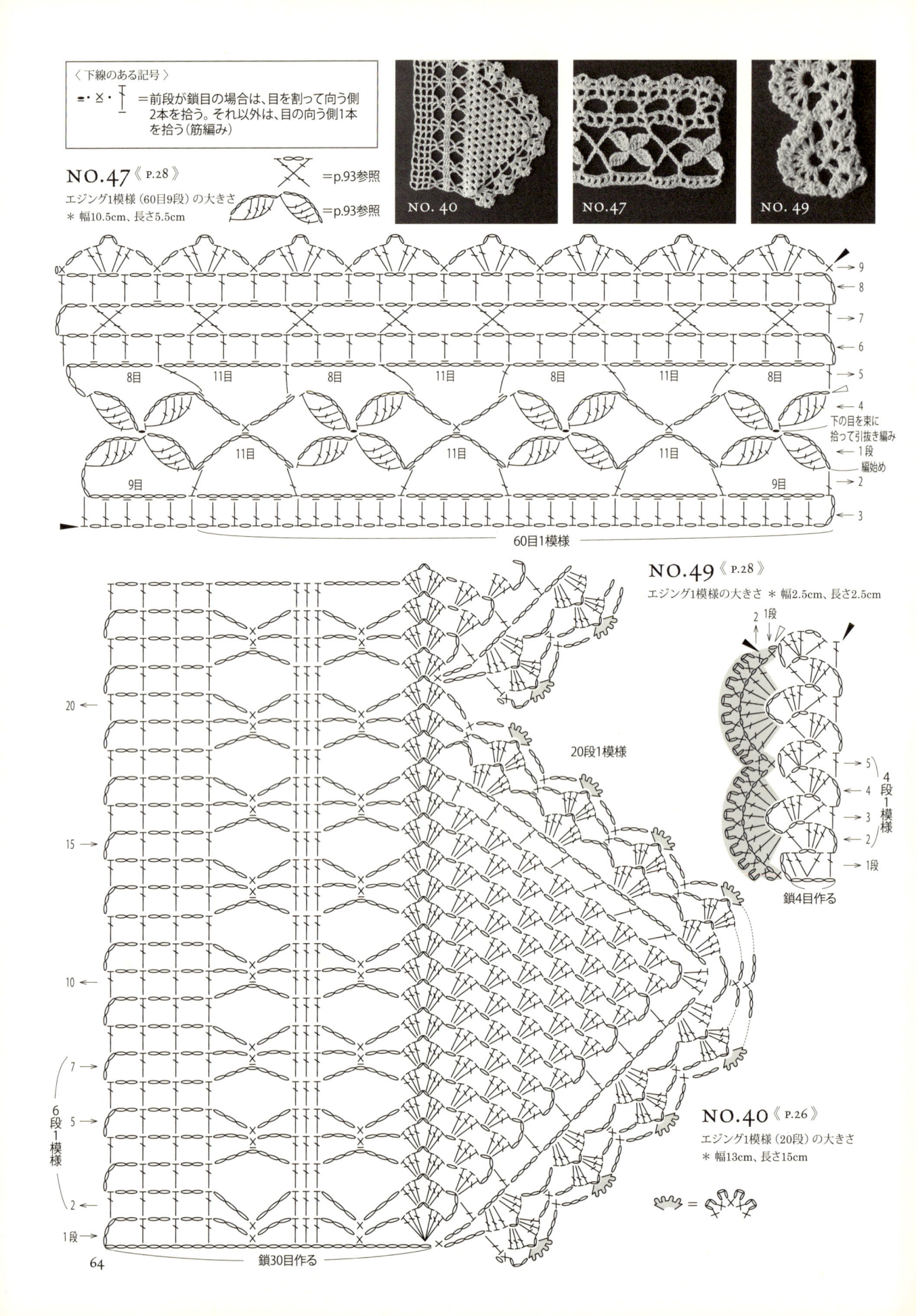

NO.47 《P.28》
エジング1模様（60目9段）の大きさ
＊幅10.5cm、長さ5.5cm

✕=p.93参照
=p.93参照

NO. 40　NO.47　NO. 49

NO.49 《P.28》
エジング1模様の大きさ ＊幅2.5cm、長さ2.5cm

鎖4目作る

NO.40 《P.26》
エジング1模様（20段）の大きさ
＊幅13cm、長さ15cm

60目1模様

20段1模様

6段1模様

鎖30目作る

NECKLACE & BROOCH P.43 / MOTIF → NO. 08 《 P.10 》
フラワーネックレス&ブローチ

* 材料
  50番レース糸 白、生成り各5g、
  アジャスターつきチェーンネックレス 45cm1本、
  シャワーブローチドーナツ型 直径4.6cm 1個、
  手縫い糸
* 用具 10号レース針、とじ針、ラジオペンチ
* サイズ ネックレスは長さ50cm、ブローチは直径7cm
* 編み方
  糸は1本どりで編む。モチーフをそれぞれ必要枚数編み、
  手縫い糸でつないで仕上げる。

花モチーフ
ネックレス=生成り3枚、白4枚
ブローチ=生成り、白各3枚

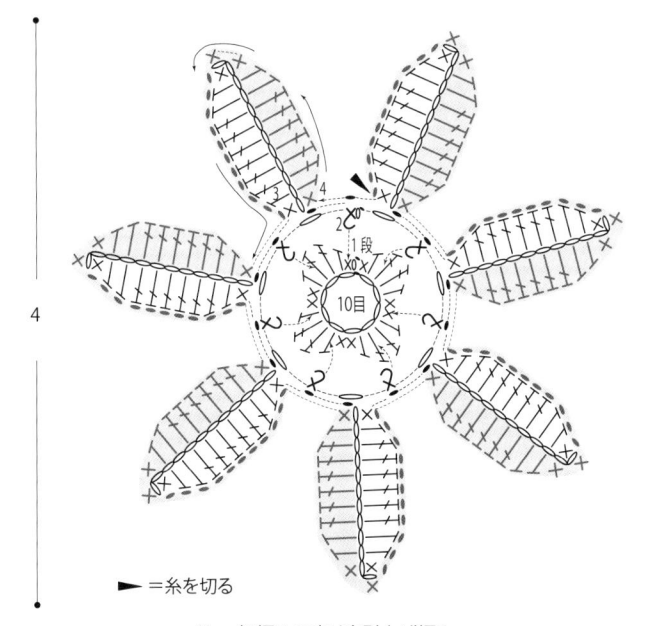

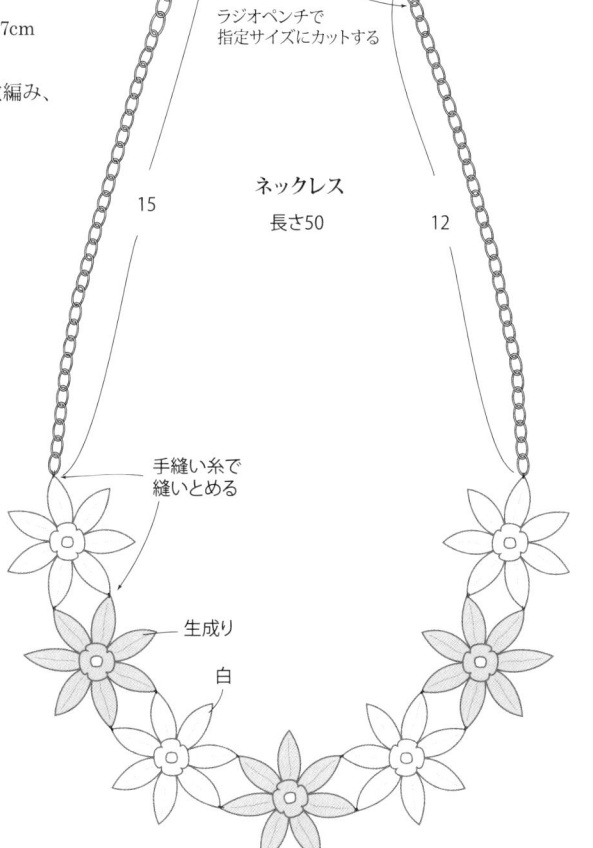

▶=糸を切る

と =細編みの変り裏引き上げ編み
　（前段の目の裏側の足2本をすくう）

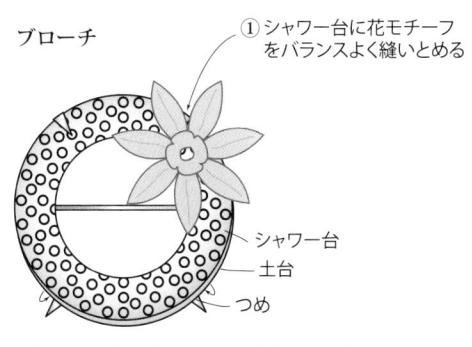

ネックレス 長さ50
チェーンネックレス
ラジオペンチで指定サイズにカットする
手縫い糸で縫いとめる
生成り
白

ブローチ
① シャワー台に花モチーフをバランスよく縫いとめる
シャワー台
土台
つめ
② 土台のつめを倒してシャワー台をはめ込む

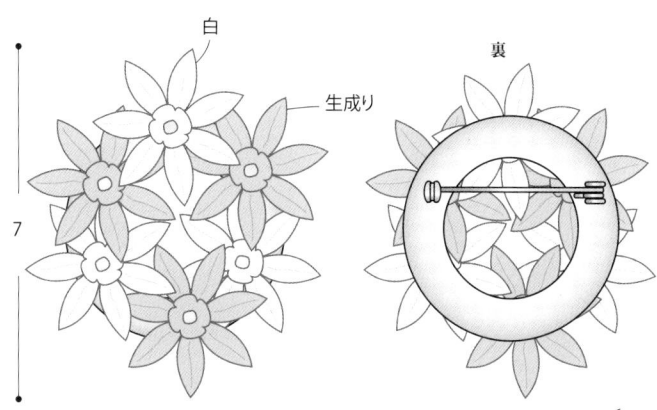

白
生成り
裏

POUCH P.06 / MOTIF → NO. 01 《 P.07 》
プチポーチ

* 材料
  50番レース糸　ブルー、パープル各20g
* 用具　8号、10号レース針、とじ針
* サイズ　幅12cm、深さ17cm
* 編み方
  指定以外、糸は1本どりで編む。2枚めからのモチーフは編みながらつないでいく。縁編みを輪に編んでひもを通し、ポンポンをつけて仕上げる。

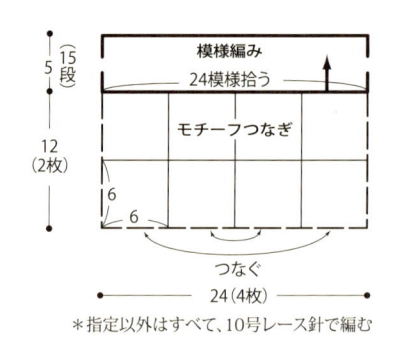

*指定以外はすべて、10号レース針で編む

ポンポン　4個
2本どり・8号レース針

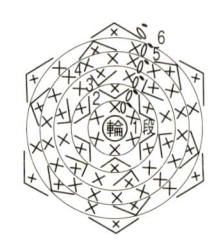

＊糸端を15cm残して切り、残った6目に通して引き絞る

スレッドコードの編み方
糸端をでき上り寸法の3倍残し、この糸端を針にかけながら鎖編みの要領で編む

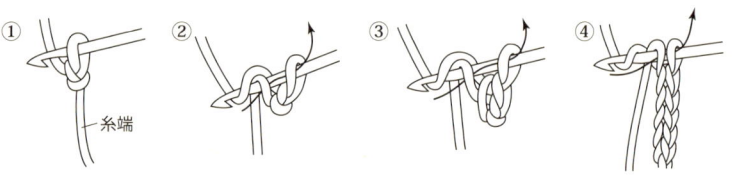

① 糸端はでき上り寸法の3倍の長さを残し、鎖を1目編む
② 残した糸端を手前から向う側にかけ、もう一方の糸を針にかけて引き抜く
③ 繰り返し編む
④

ひも　2本
2本どり・8号レース針
スレッドコード
40（230目）

仕上げ 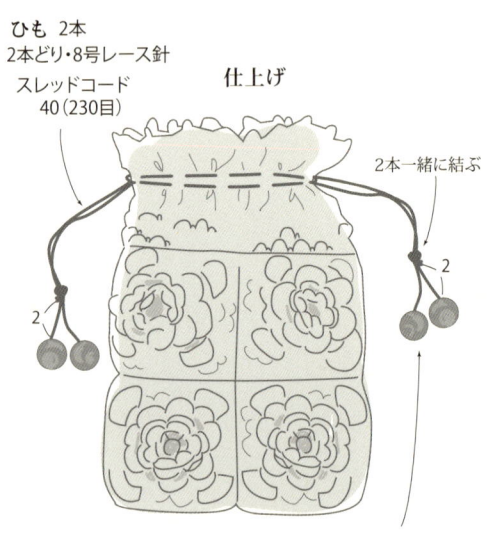
2本一緒に結ぶ
ひも通し位置に両脇からひもを通して端にポンポンを縫いつける

モチーフ

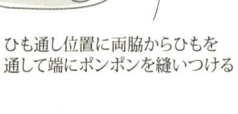

⊂ =細編みの裏引上げ編み
▶ =糸を切る
⊥・⊥ =鎖目を割って向う側2本を拾う

模様編み

ひも通し位置

1段　1模様

モチーフのつなぎ方

▷ =糸をつける
▶ =糸を切る

BAG P.16 / MOTIF → NO. 23 《 P.17 》

フリルバッグ

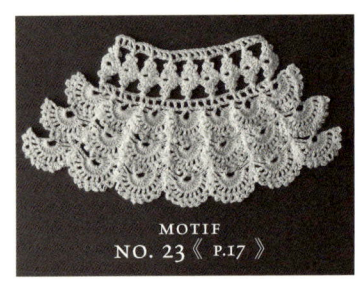

* **材料**
  クロッシュコットン　白(41) 90g、
  スラブコットン　白(FA-SC1015-01・中袋用)
  30×70cm、ベンリー口金20cm1個、ミシン糸
* **用具**　0号レース針、とじ針
* **サイズ**　幅27cm、深さ21cm、まち5cm
* **編み方**
  本体は1本どり、持ち手は2本どりで編む。バッグの本体を2枚編み、脇を鎖とじで合わせる。中袋を縫って口金と合わせ、編み地本体を重ねて縫いつける。持ち手を作り、縫いとめる。

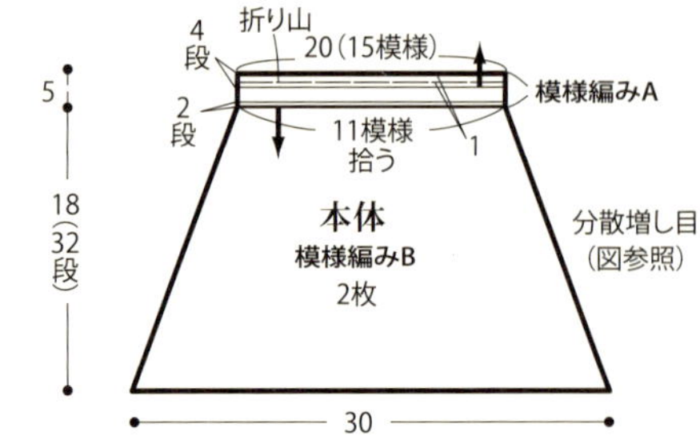

*指定以外、糸は1本どり、針はすべて0号レース針で編む

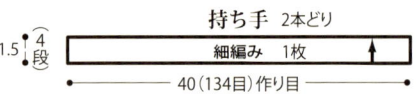

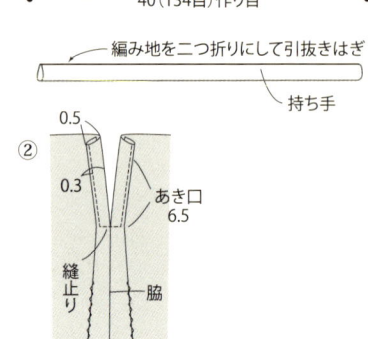

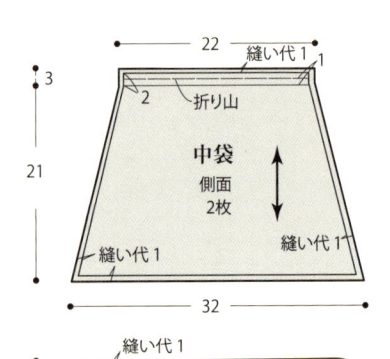

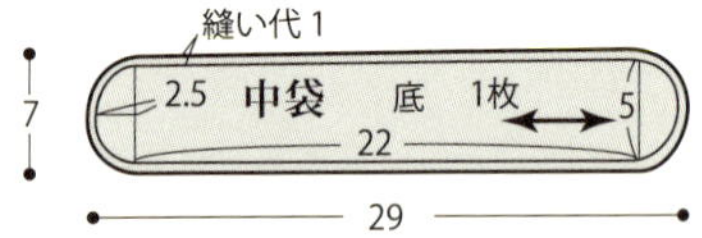

本体 模様編みB 2枚　18(32段)　30
- 折り山 4段
- 20(15模様)　模様編みA
- 2段　11模様拾う
- 分散増し目（図参照）

持ち手 2本どり
細編み 1枚　40(134目)作り目　1.5(4段)
編み地を二つ折りにして引抜きはぎ

中袋 側面 2枚　縫い代1　折り山　22　21　32　縫い代1
中袋 底 1枚　2.5　22　5　7　29　縫い代1

まとめ方

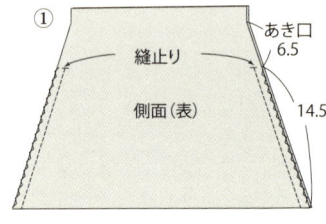

① 縫い代にジグザグミシンをかけ、縫止りまで脇を縫う
　縫止り／側面(表)／あき口6.5／14.5

② 脇の縫い代を割り、あき口を三つ折りにしてステッチをかける 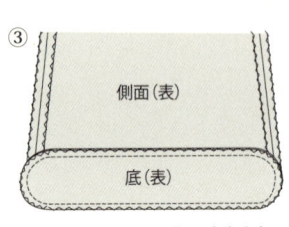
　0.5／0.3／縫止り／脇／あき口6.5

③ 底と側面を縫い、縫い代にジグザグミシンをかける 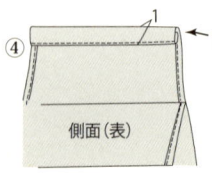
　側面(表)／底(表)

④ 入れ口を折り返し、三つ折りにしてステッチをかける
　口金の棒を通す／側面(表)

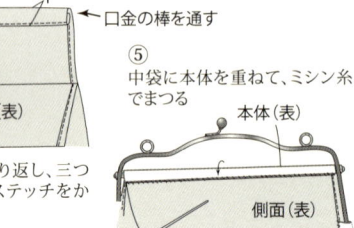

⑤ 中袋に本体を重ねて、ミシン糸でまつる
　本体(表)／側面(表)
　1列めのスカラップで口金をくるみ、中袋にまつりつける

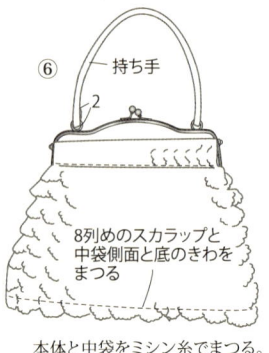

⑥ 持ち手
　8列めのスカラップと中袋側面と底のきわをまつる
　本体と中袋をミシン糸でまつる。持ち手は穴に通して折り返し、縫いとめる

模様編みA
*ブレードを編んでから上下の方眼編みを編み出す

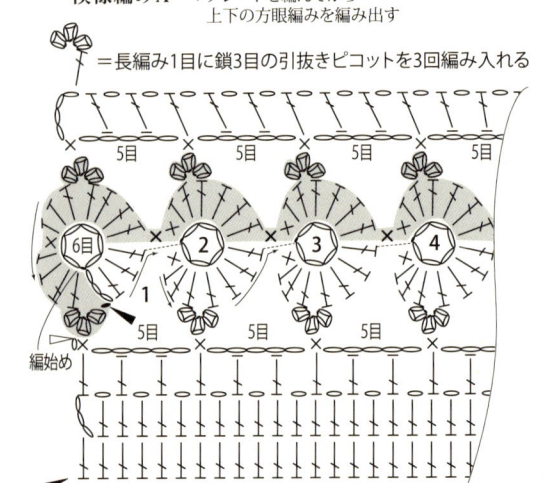

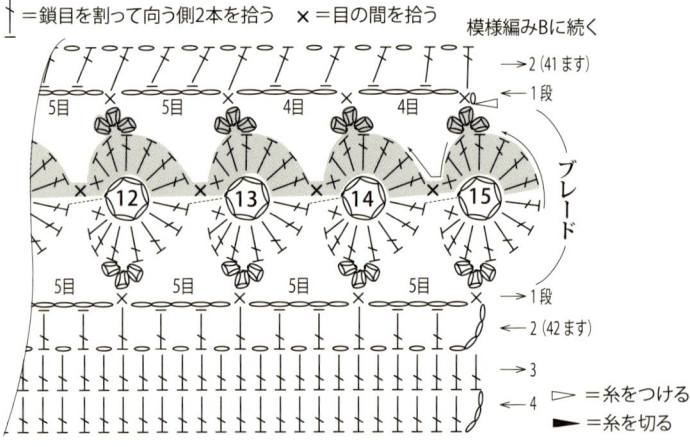

- =長編み1目に鎖3目の引抜きピコットを3回編み入れる
- | =鎖目を割って向う側2本を拾う
- × =目の間を拾う
- ▷ =糸をつける
- ▶ =糸を切る

模様編みBに続く

→2(41ます) ←1段　ブレード　→1段 ←2(42ます) →3 ←4

編始め

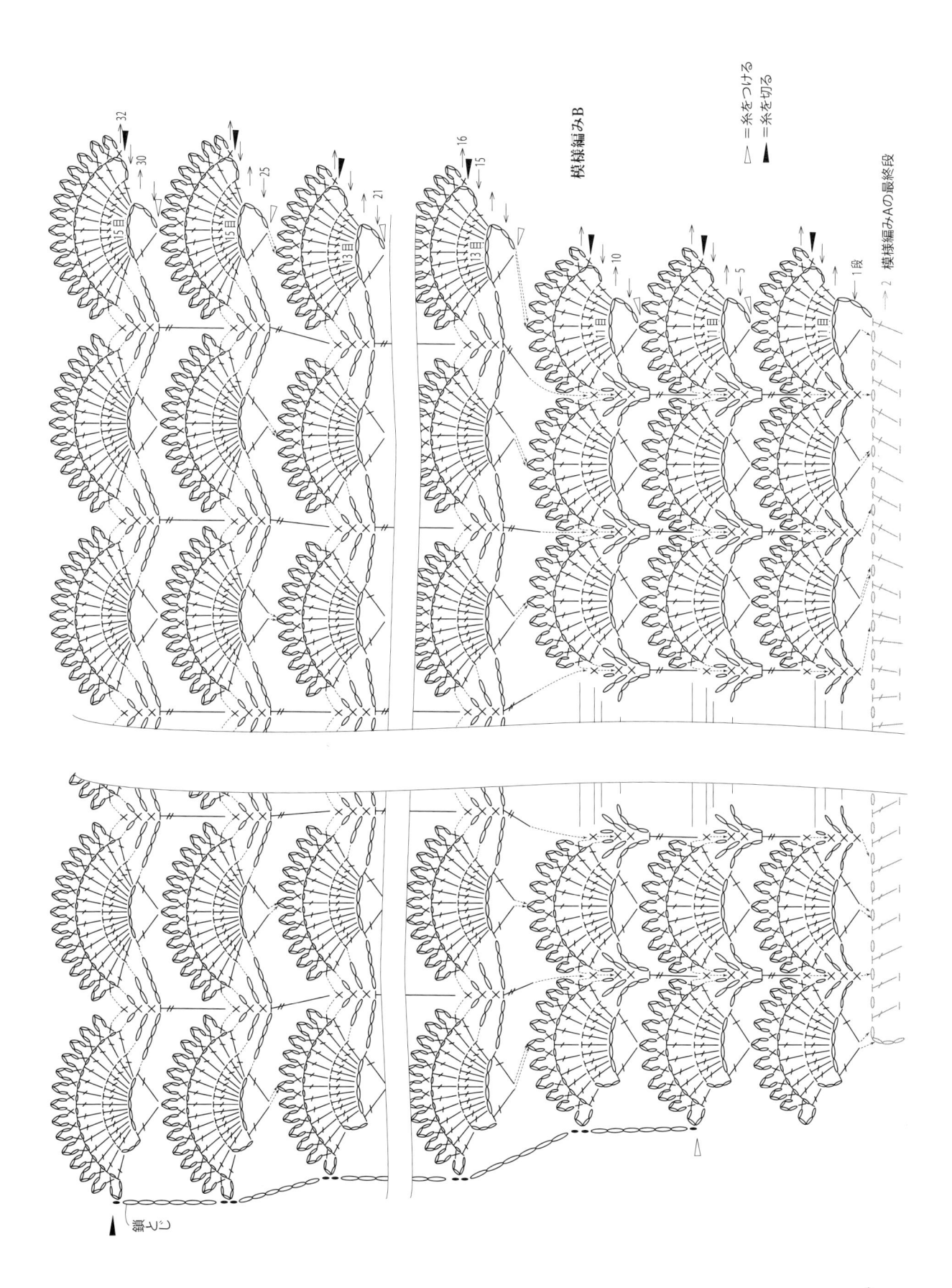

模様編みB

▽ =糸をつける
▼ =糸を切る

→ 模様編みAの最終段

LARIAT P.22 / MOTIF → NO. 34 《 P.23 》
ローズラリエット

MOTIF NO. 34 《 P.23 》

* 材料　極々細シルク糸　生成り40g
* 用具　2号レース針、とじ針
* ゲージ　方眼編み20ます17段が10cm四方
* サイズ　幅10cm、長さ162cm
* 編み方
  糸は1本どりで編む。方眼編みの土台と縁編みを編み、花モチーフと葉モチーフを組み合わせて縫いつける。

花モチーフ 4枚

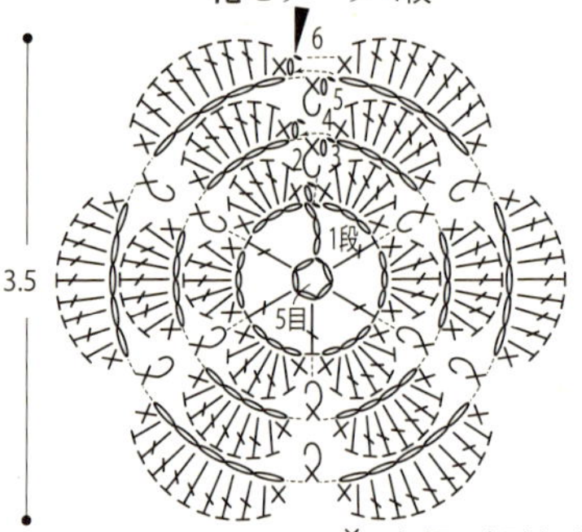

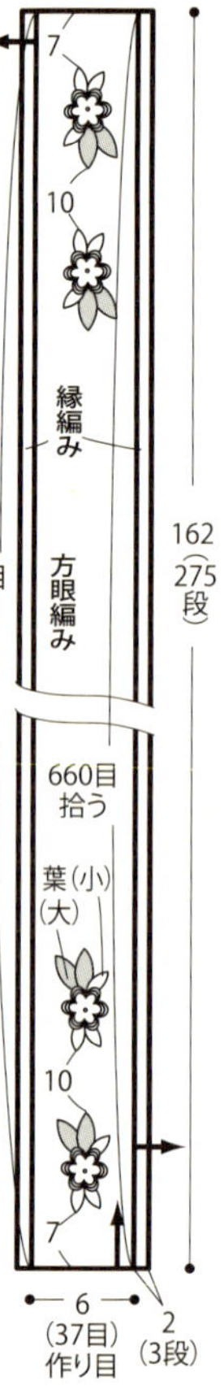

葉(小)モチーフ 12枚

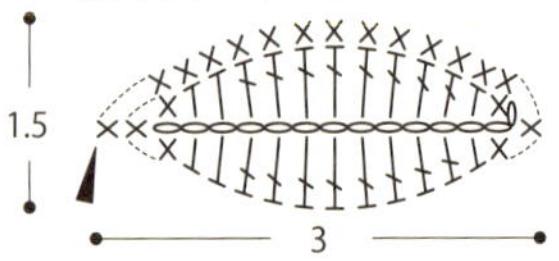

葉(大)モチーフ 8枚

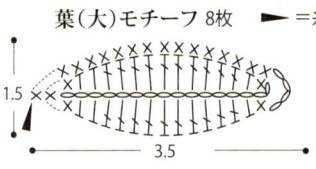

縁編み

方眼編み

※花モチーフと大小の葉モチーフを組み合わせ、まつりつける

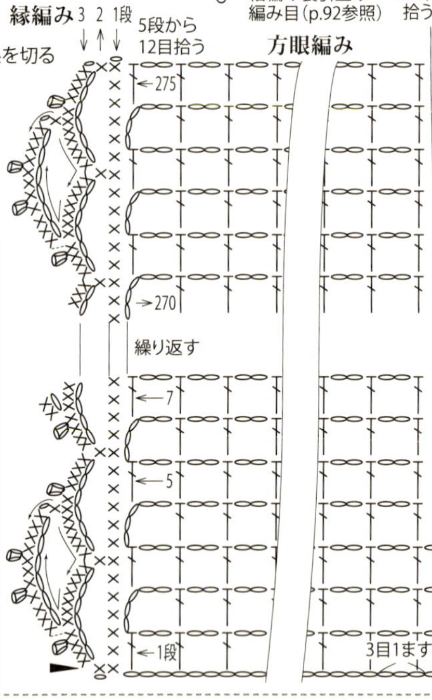

STOLE P.46 / MOTIF → NO. 42 《 P.26 》
三角ストール

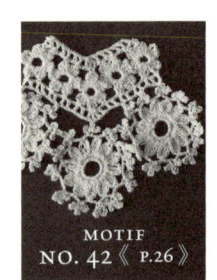

MOTIF NO. 42 《 P.26 》

* 材料　クロッシュコットン　生成り(42) 175g
* 用具　2号レース針、とじ針
* ゲージ　模様編み15ます18段が10cm四方
* サイズ　幅139cm、長さ59cm
* 編み方
  糸は1本どりで編む。模様編みを三角形に編み、2辺に方眼編み、モチーフ、方眼編み、モチーフの順に編みつける。

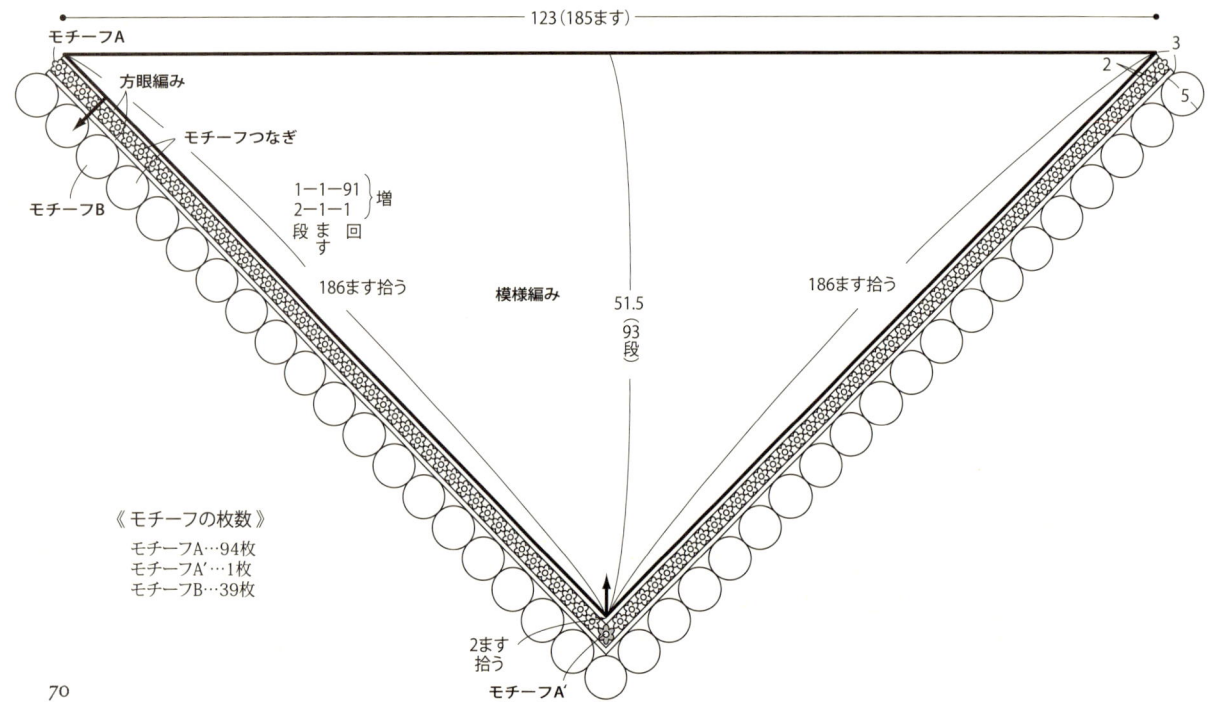

モチーフA
方眼編み
モチーフつなぎ
モチーフB

1－1－91 ｝増
2－1－1 段ます回

186ます拾う　　模様編み　　186ます拾う

51.5 (93段)

123 (185ます)

2ます拾う

モチーフA'

《モチーフの枚数》
モチーフA…94枚
モチーフA'…1枚
モチーフB…39枚

方眼編み 1段

方眼編み 1段

モチーフつなぎ

模様編み 1段

モチーフB
1段めの細編み=24目

モチーフA、A'
の編み方とつなぎ方

モチーフA   モチーフA'

= 鎖目を割って向う側2本を拾う
= 編み方は、p.93参照

= 編み目の頭で編みつなぐ
△ = 糸をつける
▲ = 糸を切る

71

BLOUSE P.39 / MOTIF → NO. 41 《 P.26 》

ヨークブラウス

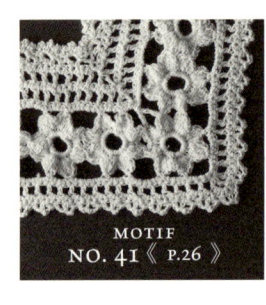

* 材料
　クロッシュコットン　生成り(42) 40g、
　リネン生地(身頃用)110幅1m20cm、
　ミシン糸
* 用具　0号レース針、とじ針
* サイズ　9〜11号サイズ、着丈66cm
* 編み方
　糸は1本どりで編む。モチーフを編みながら図のようにスクエアにつなぎ、衿ぐり側、外側に縁編みをそれぞれ編みつける。身頃を裁断、縫製し、ヨークと身頃を縫い合わせる。

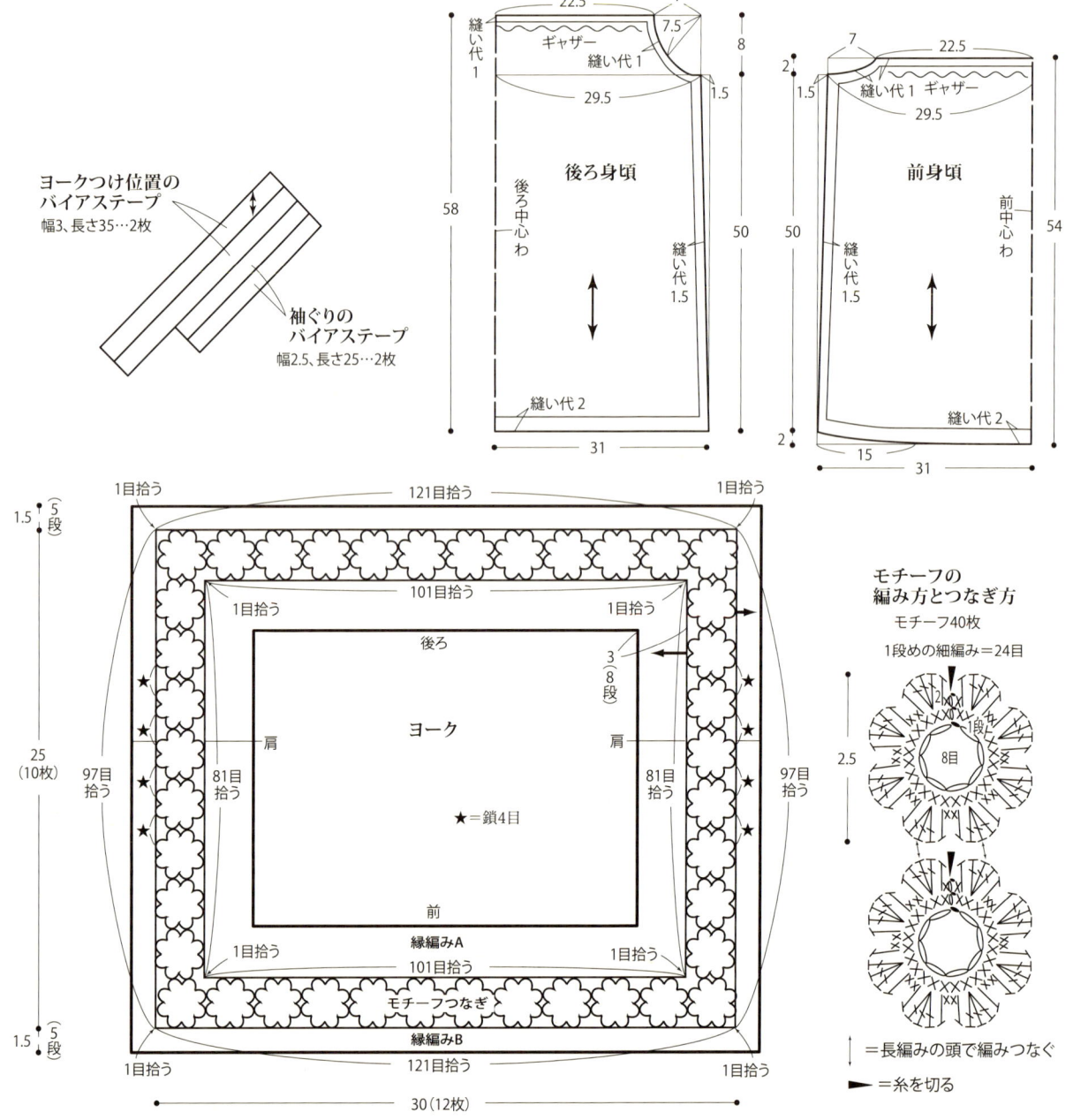

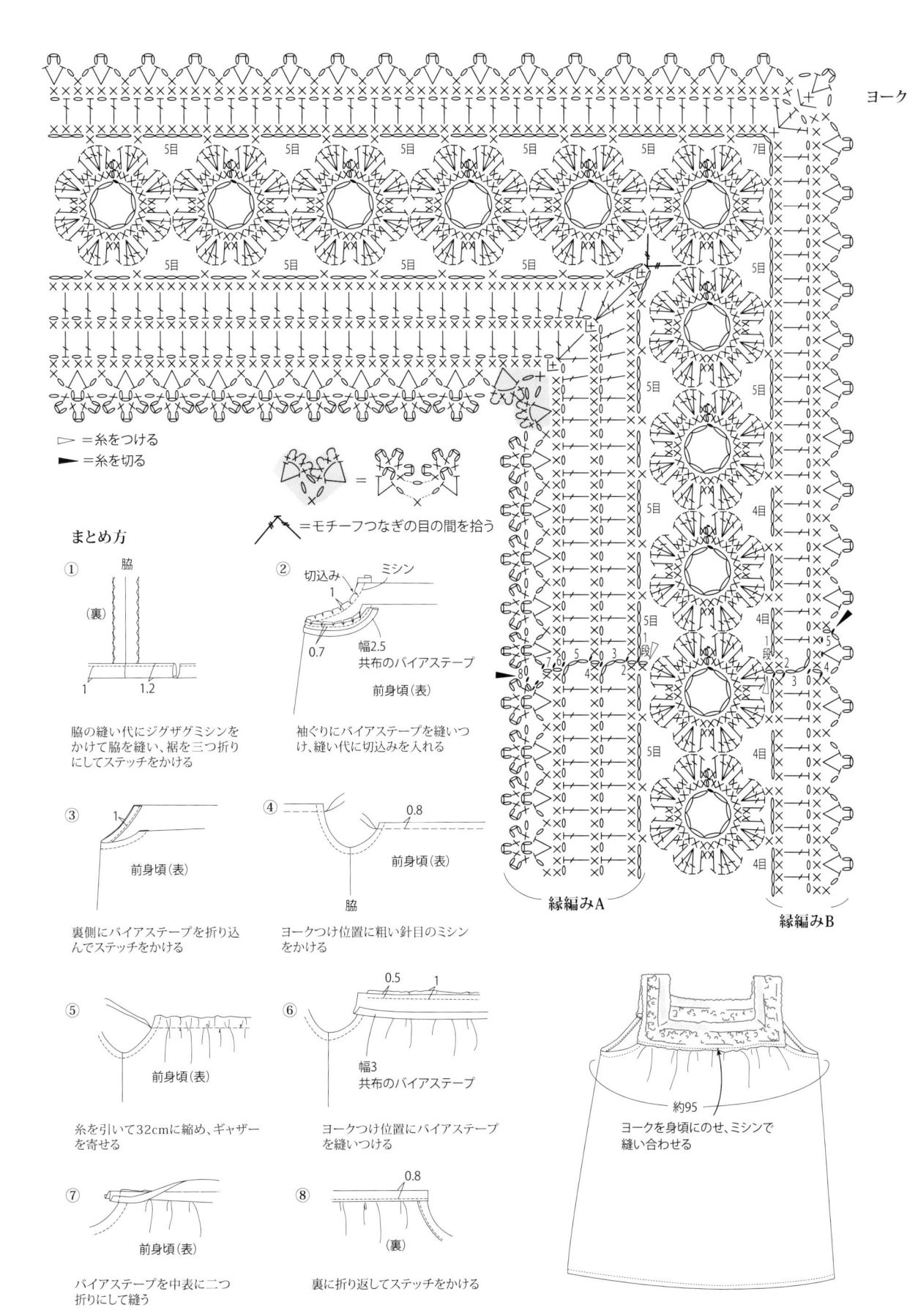

▷ =糸をつける
▶ =糸を切る

= モチーフつなぎの目の間を拾う

ヨーク

縁編みA

縁編みB

まとめ方

① 脇
(裏)
脇の縫い代にジグザグミシンをかけて脇を縫い、裾を三つ折りにしてステッチをかける

② 切込み ミシン
幅2.5 共布のバイアステープ
前身頃(表)
袖ぐりにバイアステープを縫いつけ、縫い代に切込みを入れる

③ 前身頃(表)
裏側にバイアステープを折り込んでステッチをかける

④ 前身頃(表) 脇
ヨークつけ位置に粗い針目のミシンをかける

⑤ 前身頃(表)
糸を引いて32cmに縮め、ギャザーを寄せる

⑥ 幅3 共布のバイアステープ
ヨークつけ位置にバイアステープを縫いつける

⑦ 前身頃(表)
バイアステープを中表に二つ折りにして縫う

⑧ (裏)
裏に折り返してステッチをかける

約95
ヨークを身頃にのせ、ミシンで縫い合わせる

BAG P.35 / MOTIF → NO. 20 《 P.14 》
スクエアバッグ

* **材料**
  クロッシュコットン　生成り (42) 70g、
  スラブコットン ベージュ (FA-SC1015-11・中袋、
  持ち手用) 30×104cm、ミシン糸
* **用具**　2号レース針、とじ針
* **サイズ**　幅、深さ各18cm、まち6cm
* **編み方**
  糸は1本どりで編む。V字モチーフを編んでおき、
  花モチーフを編みながらつないでいく。まち、底
  の長編みを編み、2枚を合わせる。

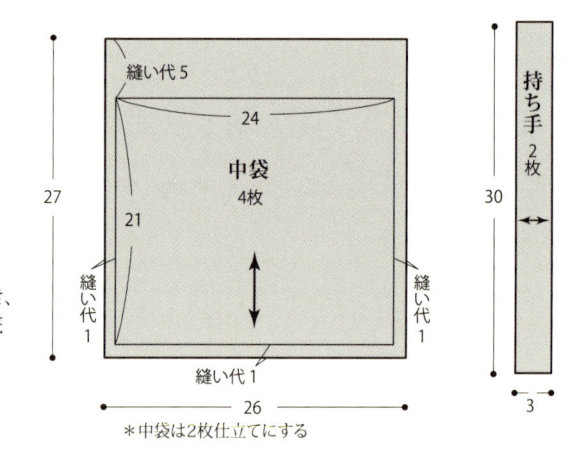

中袋　4枚
縫い代 5／24／27／21／縫い代 1／26
＊中袋は2枚仕立てにする

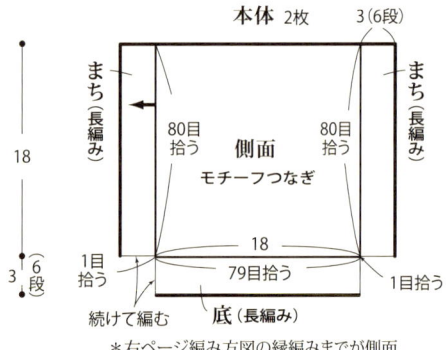

持ち手　2枚　30／3

本体　2枚
まち（長編み）　80目拾う　側面　モチーフつなぎ　3(6段)
18　18　79目拾う　1目拾う　1目拾う　続けて編む　底（長編み）　3(6段)
＊右ページ編み方図の縁編みまでが側面

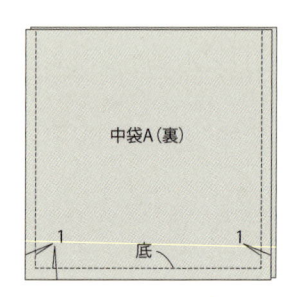

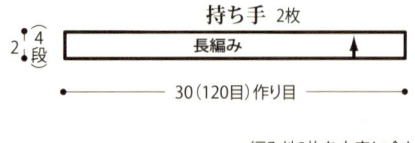

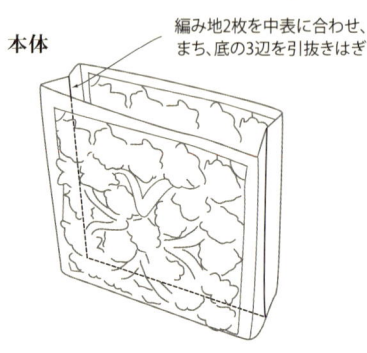

持ち手　2枚
長編み　2(4段)　30(120目)作り目

本体
編み地2枚を中表に合わせ、
まち、底の3辺を引抜きはぎ

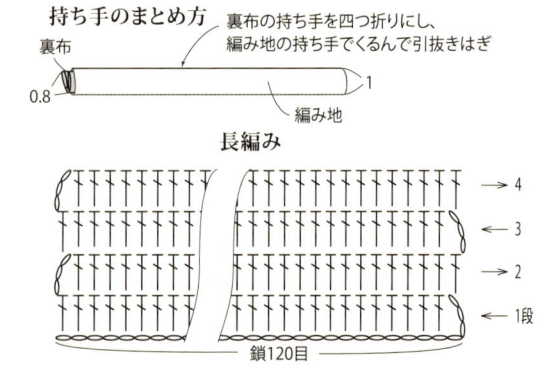

まとめ方

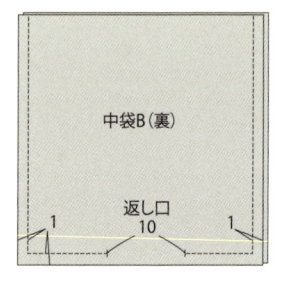

中袋A(裏)　底　1　1
中袋B(裏)　返し口　10　1　1

中袋を中表に合わせて脇、底を縫う（中袋A）。もう1つの中袋は、底部分に返し口を残して脇、底を縫う（中袋B）

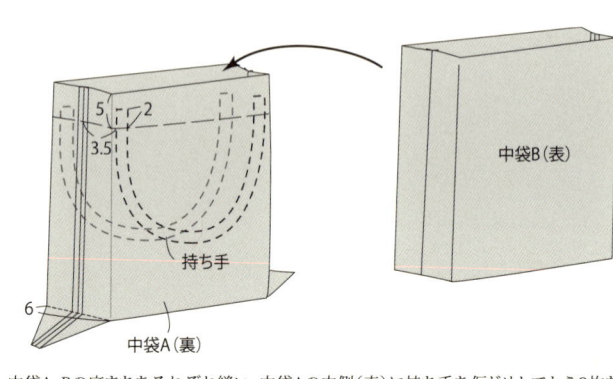

持ち手　5　2　3.5　6　中袋A(裏)
中袋B(表)

中袋A、Bの底まちをそれぞれ縫い、中袋Aの内側(表)に持ち手を仮どめしてから2枚を中表に合わせ、入れ口を縫う。持ち手部分は返し縫いをする。底の返し口から表に返し、返し口をまつる。

持ち手のまとめ方
裏布　0.8　1　編み地
裏布の持ち手を四つ折りにし、
編み地の持ち手でくるんで引抜きはぎ

長編み
→4　→3　→2　→1段
鎖120目

編み地本体をかぶせて入れ口の端にまつりつける。

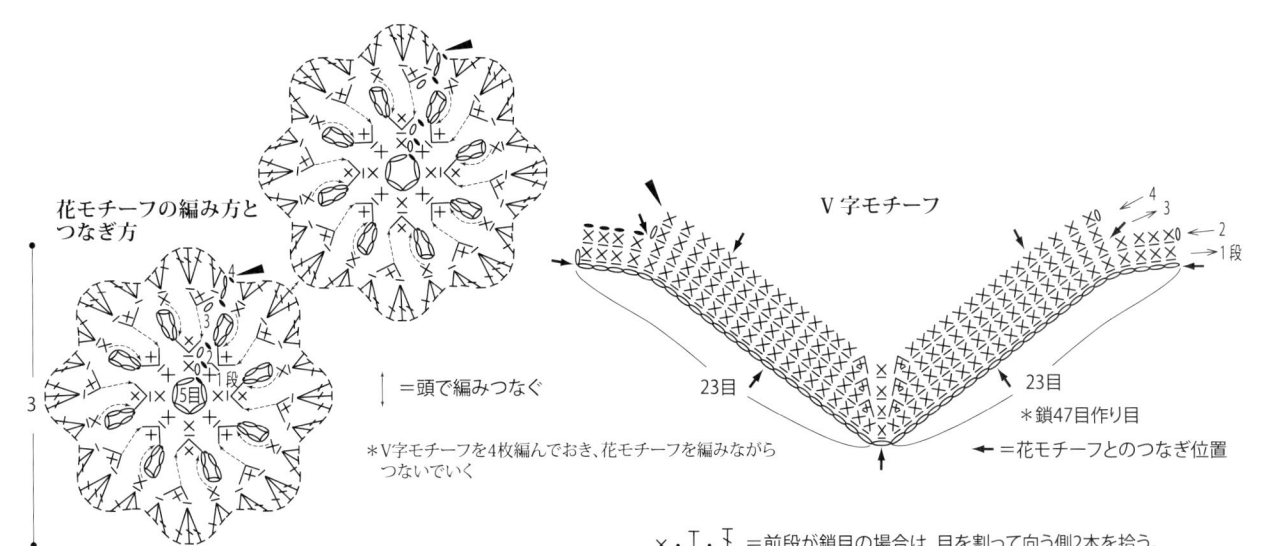

花モチーフの編み方と
つなぎ方

↓ =頭で編みつなぐ

＊V字モチーフを4枚編んでおき、花モチーフを編みながら
つないでいく

V字モチーフ

23目　23目

＊鎖47目作り目

← =花モチーフとのつなぎ位置

×・┃・┠ =前段が鎖目の場合は、目を割って向う側2本を拾う。
それ以外は、向う側1本を拾う（筋編み）

11目　13目

6 3 2 1段　4 3 2 1段

まち　縁編み

モチーフの配置とつなぎ方

▷ =糸をつける
▶ =糸を切る

V字モチーフ
花モチーフ

75

STOLE P.34 / MOTIF → NO. 03 《 P.08 》

ヘキサゴンストール

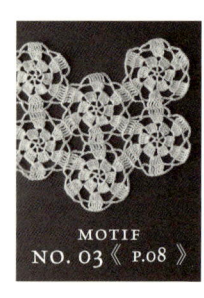

MOTIF NO. 03 《 P.08 》

* 材料　クロッシュコットン　薄茶125g
* 用具　0号レース針、とじ針
* サイズ　幅152cm、長さ49cm
* 編み方
   糸は1本どりで編む。モチーフを編みながらつないでいく。

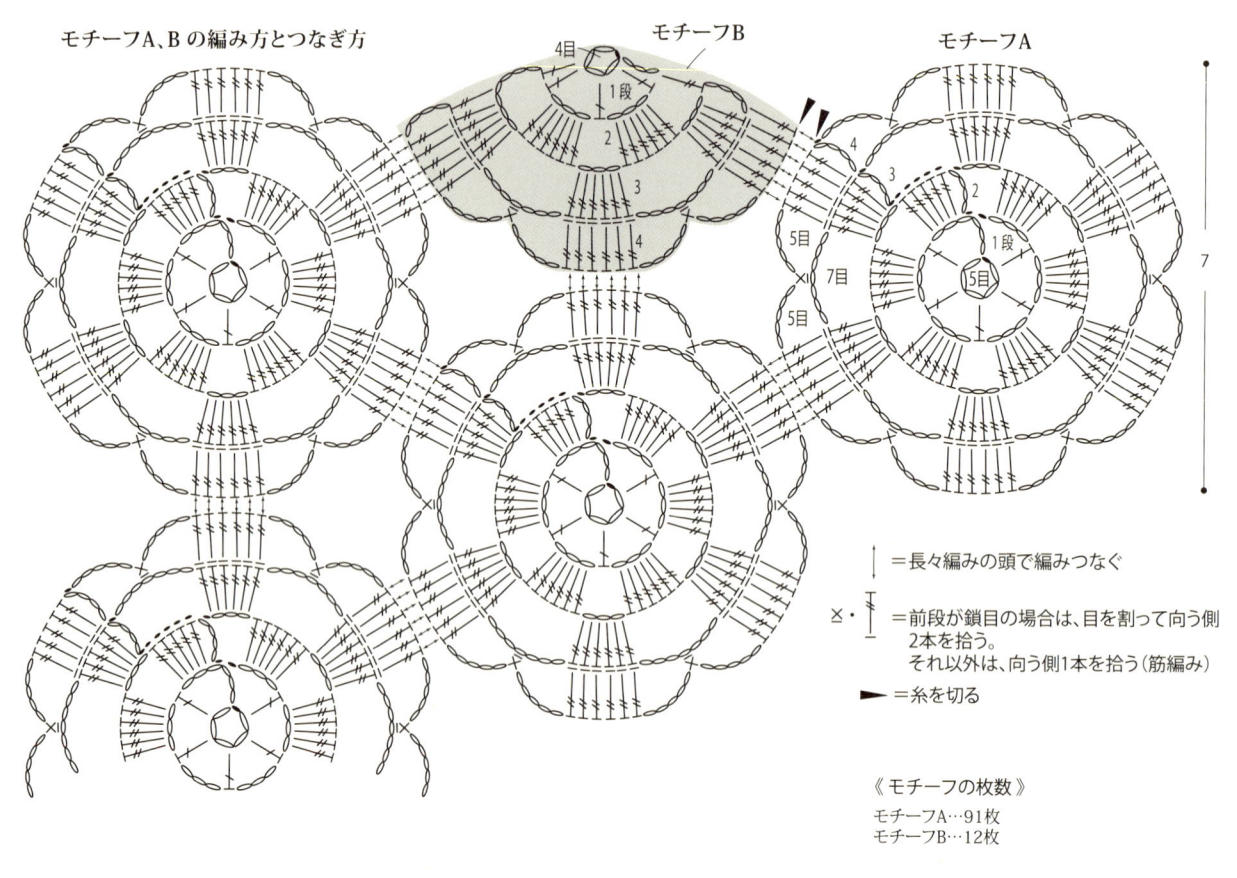

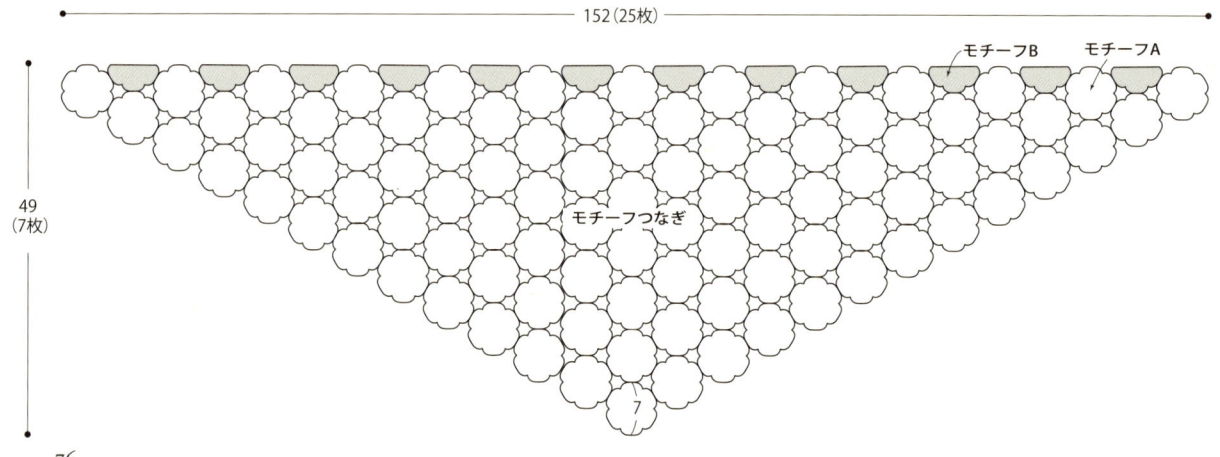

モチーフA、Bの編み方とつなぎ方　　モチーフB　　モチーフA

↓ ＝長々編みの頭で編みつなぐ

×・↕ ＝前段が鎖目の場合は、目を割って向う側2本を拾う。
それ以外は、向う側1本を拾う（筋編み）。

▶ ＝糸を切る

《モチーフの枚数》
モチーフA…91枚
モチーフB…12枚

152(25枚)

49(7枚)

モチーフB　モチーフA

モチーフつなぎ

MUFFLER P.40、41 / MOTIF → NO.31 《 P.20 》
フラワーモヘヤマフラー　フラワーレースマフラー

MOTIF NO.31 《 P.20 》

* 材料
　フラワーモヘヤマフラーは、ファインモヘヤ
　白(1) 50g

* 用具　4/0号かぎ針、とじ針
* サイズ　幅19cm、長さ124cm
* 編み方(共通)
　糸は1本どりで編む。モチーフを編みながら
　つなぎ、周囲に縁編みを編みつける。

* 材料
　フラワーレースマフラーは、クロッシュコットン
　生成り(42) 60g

* 用具　2/0号かぎ針、とじ針
* サイズ　幅15cm、長さ118cm

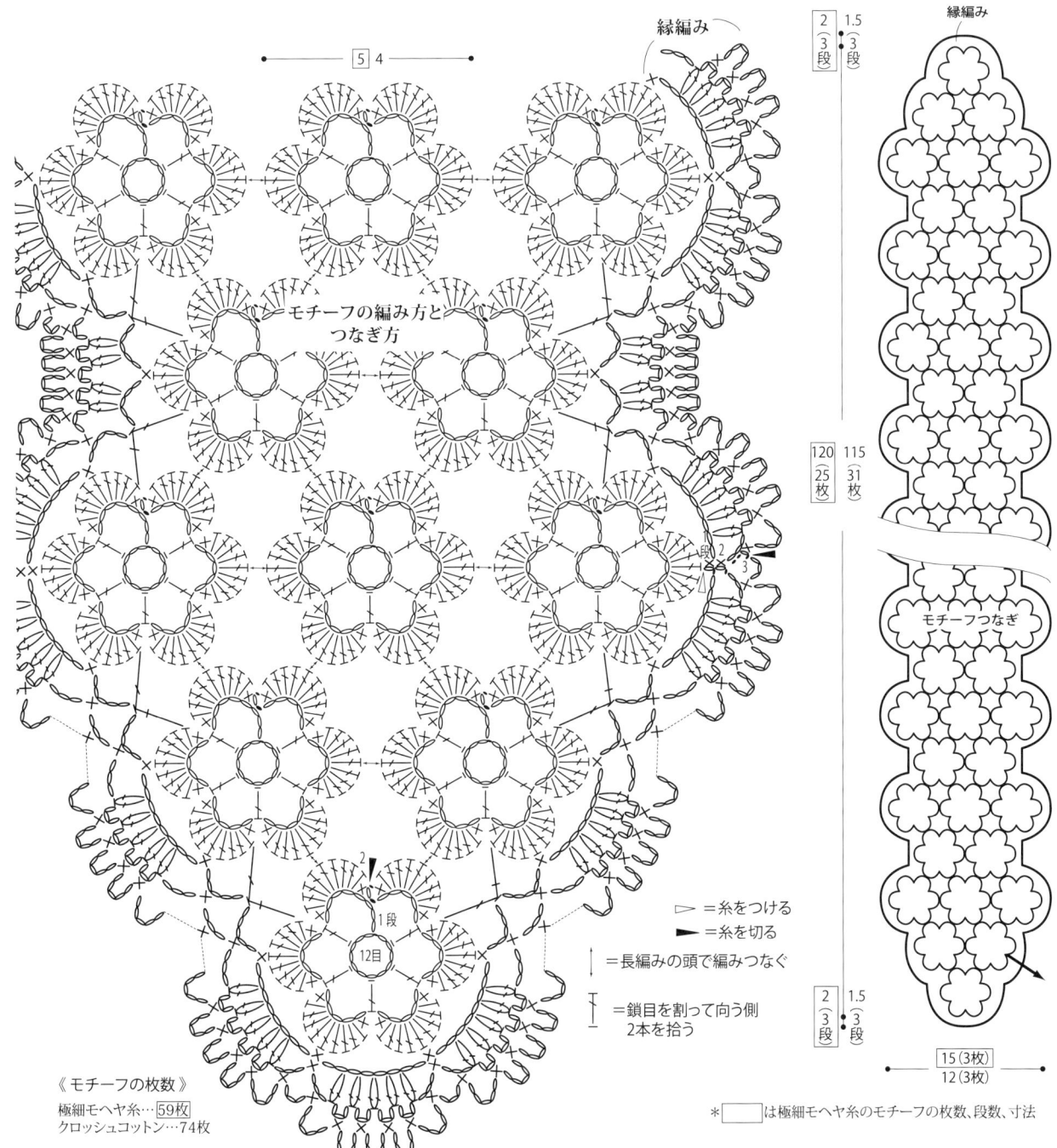

▷ = 糸をつける
▶ = 糸を切る
↓ = 長編みの頭で編みつなぐ
‖ = 鎖目を割って向う側2本を拾う

《モチーフの枚数》
極細モヘヤ糸…59枚
クロッシュコットン…74枚

* □ は極細モヘヤ糸のモチーフの枚数、段数、寸法

BAG P.38、48 / MOTIF → NO. 16《 P.12 》 NO. 04《 P.08 》 NO. 13《 P.11 》 NO. 21《 P.15 》
トートバッグ　アップリケバッグ

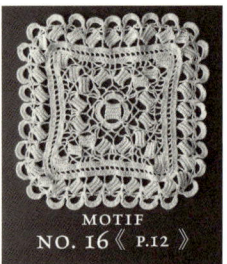

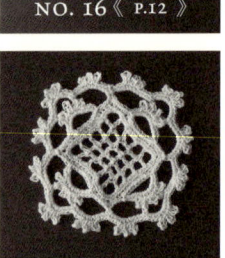

MOTIF NO. 16《P.12》
MOTIF NO. 21《P.15》

* 材料
  クロッシュコットン　生成り（42）を、No.16は 25g、No.04、13、21は3枚で10g、底約20cm、深さ18cm、まち10cmのバッグ各1個
* 用具　2号レース針、とじ針
* 編み方
  糸は1本どりで編む。それぞれのモチーフを編み、トートバッグは図を参照して持ち手に縫いとめる。アップリケバッグはバランスよく配置し、表にひびかないように共糸で縫いつける。

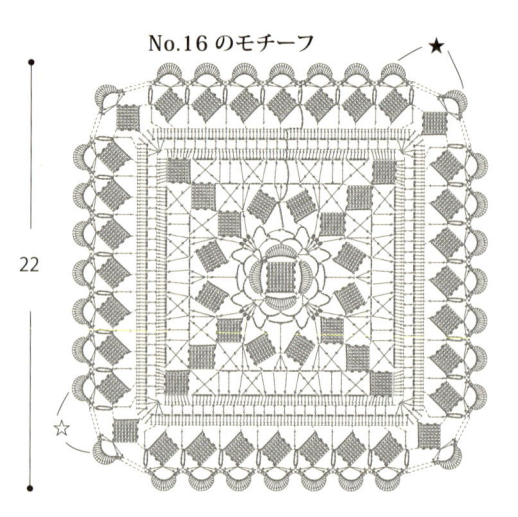

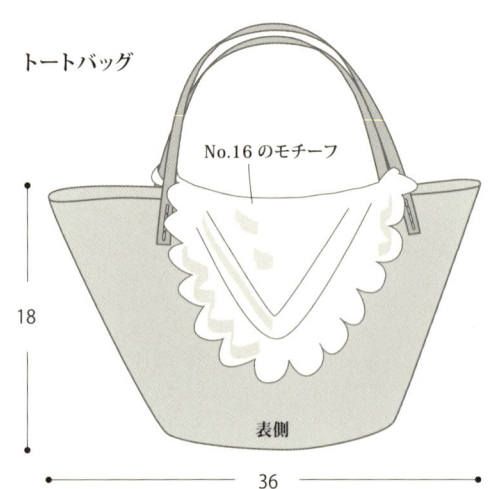

No.16 のモチーフ　22

トートバッグ

No.16 のモチーフ
18
36

☆★印の位置で裏側の持ち手をはさんで共糸で縫いつける

細編みの畝編み

筋編み（p.91参照）と同じ編み方で、前段の向う側の鎖半目をすくって往復編みをする

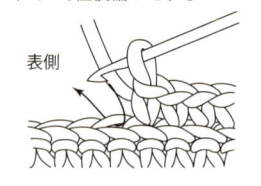

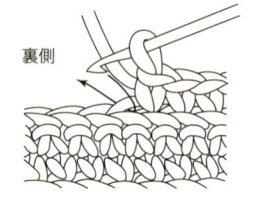

表側
裏側

アップリケバッグ

5　2.5　6
1　1
No.13 編み方57ページ
No.21
No.04 編み方54ページ

モチーフを共糸でまつりつける

No.21 のモチーフ
➡ = 糸を切る
7

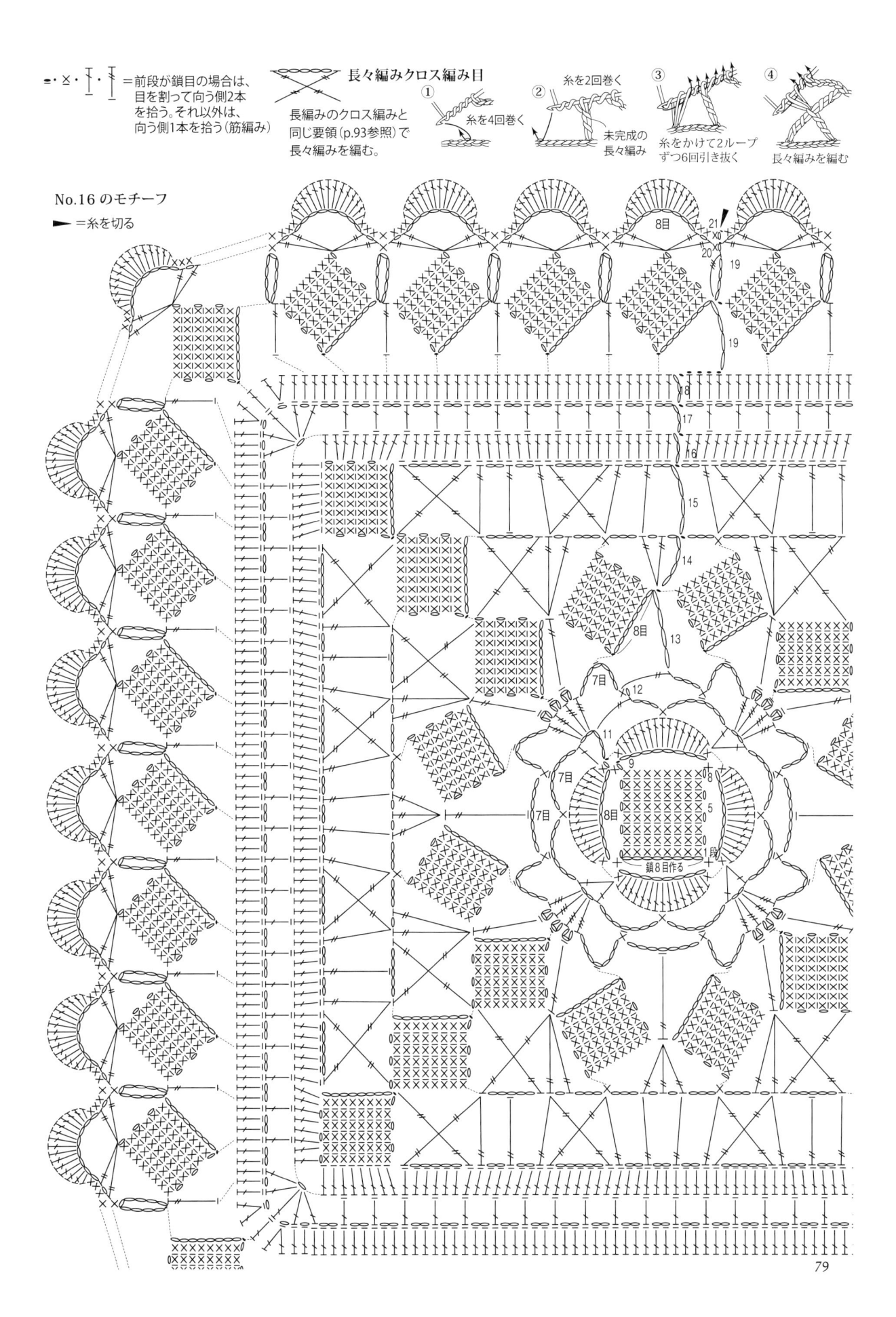

= · × · ┼ · ┬ = 前段が鎖目の場合は、目を割って向う側2本を拾う。それ以外は、向う側1本を拾う（筋編み）

長々編みクロス編み目
長編みのクロス編みと同じ要領（p.93参照）で長々編みを編む。

① 糸を4回巻く
② 糸を2回巻く　未完成の長々編み
③ 糸をかけて2ループずつ6回引き抜く
④ 長々編みを編む

No.16 のモチーフ

▶ = 糸を切る

LARIAT P.47 / MOTIF → NO. 30 《 P.20 》
レースラリエット

MOTIF NO. 30《 P.20 》

* 材料
  50番レース糸　生成り25g
* 用具　10号レース針、とじ針
* サイズ　幅8cm、長さ120cm
* 編み方
  糸は1本どりで編む。モチーフを横に30枚編みつなぐ。縁編みの1段めは、モチーフの裏面を見て拾う。ピコットの向きが内側にあるもの（★）は、内側に出るように次の鎖目を編む前に向きを整える。

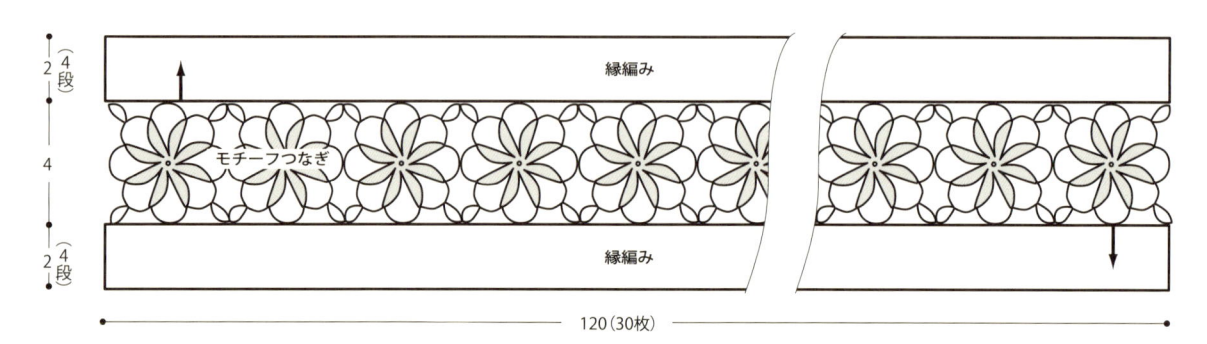

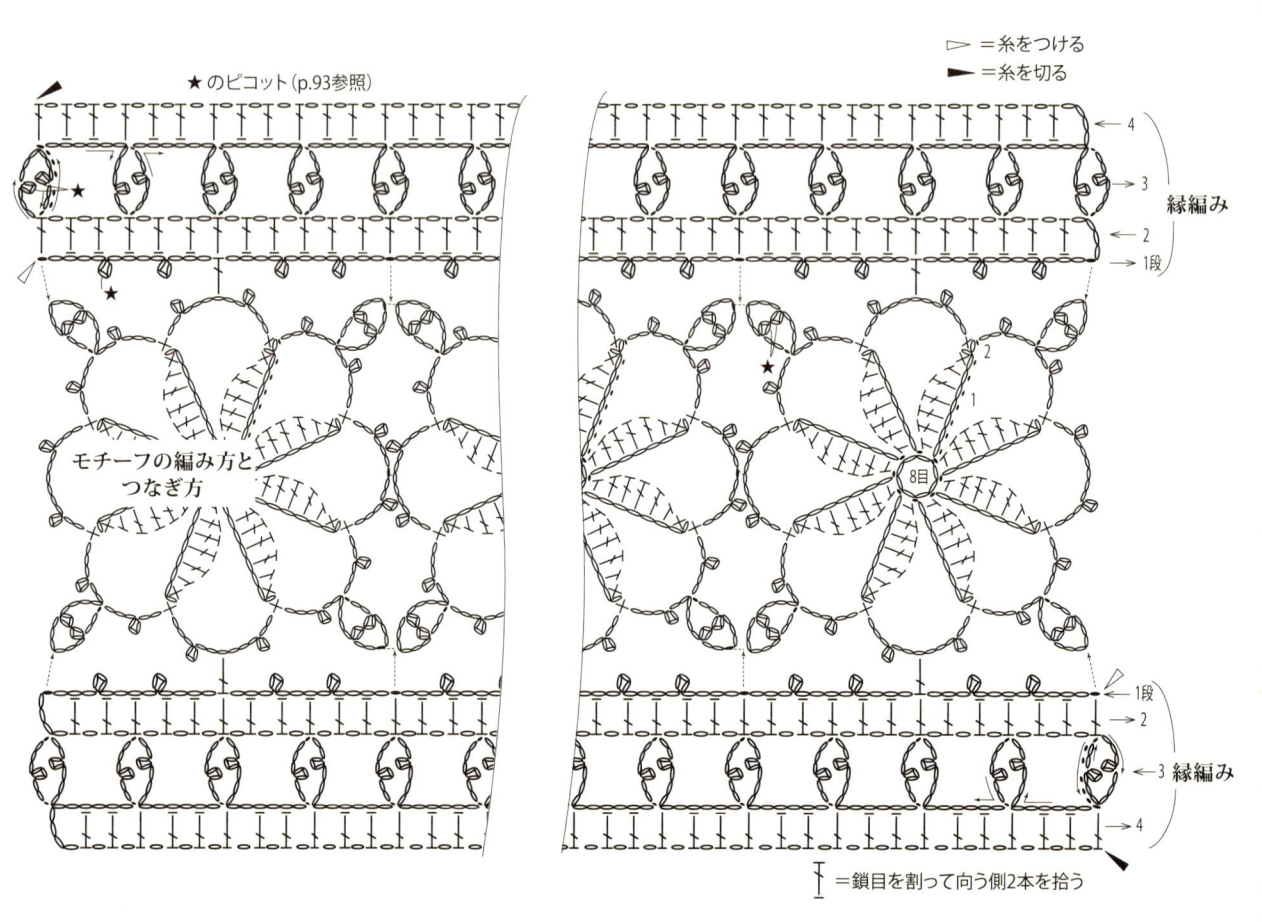

STOLE P.49 / MOTIF → NO. 26 《 P.18 》
マーガレットストール

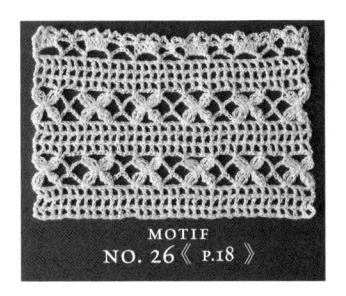

* 材料
  ウールシェイプ　白（01）175g、
  直径1.3cmのボタン14個
* 用具　3/0号かぎ針、とじ針
* ゲージ　模様編み36目14段が10cm四方
* サイズ　幅35cm、長さ126cm
* 編み方
  糸は1本どりで編む。鎖目の作り目をして模様編みと縁編みを編む。作り目側から拾い目をして、もう片側の縁編みを編み、ボタンを縫いつける。

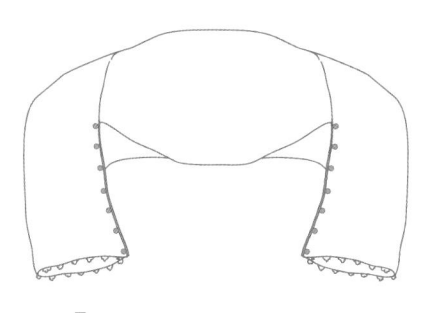

▷ = 糸をつける
▶ = 糸を切る

×・= 鎖目を割って向う側2本を拾う
× = 前段の長編み2目の間を拾う

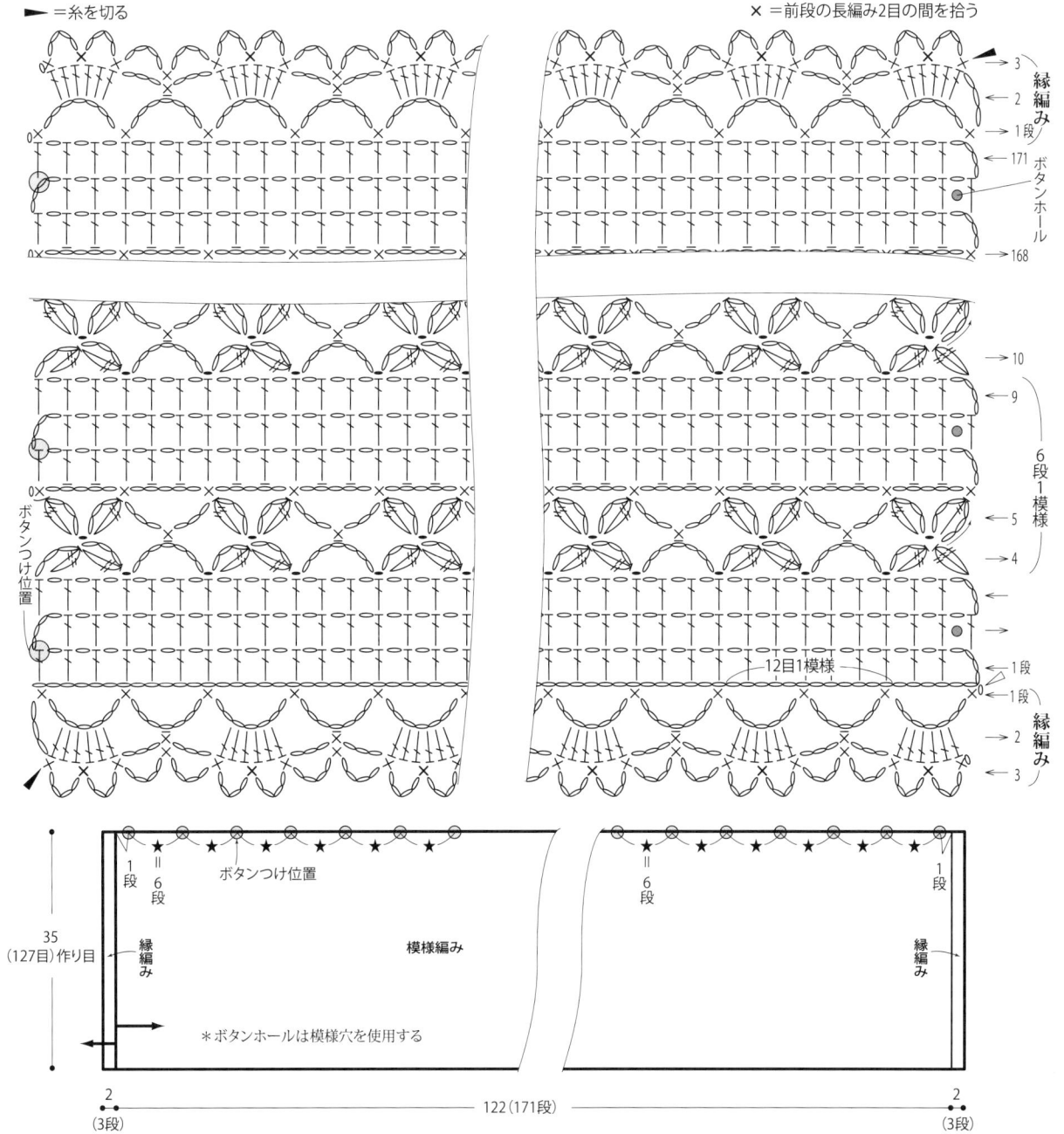

*ボタンホールは模様穴を使用する

POUCH P.33 / MOTIF → NO. 17 《 P.12 》
サークルポーチ

* 材料
  50番レース糸　生成り20g、
  スラブコットン ベージュ（FA-SC1015-11・中袋用）
  20×30cm、マーブル口金10cm1個、ミシン糸
* 用具　8号レース針、とじ針
* サイズ　幅12cm、深さ12cm
* 編み方
  糸は1本どりで編む。本体を2枚編み、外表に合わせて
  巻きかがりはぎで合わせる。入れ口に縁編みを編み、
  中袋と合わせて口金に縫いつけて仕上げる。

本体 2枚
19段
109目拾う
11
1.5 3段 まち

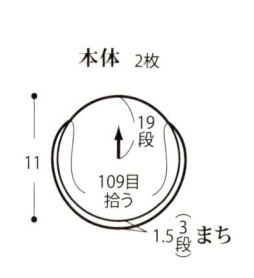

縁編み（細編み）
152目拾う
0.5
4段
本体
巻きかがりはぎで合わせる

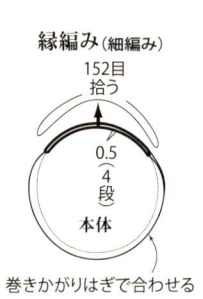

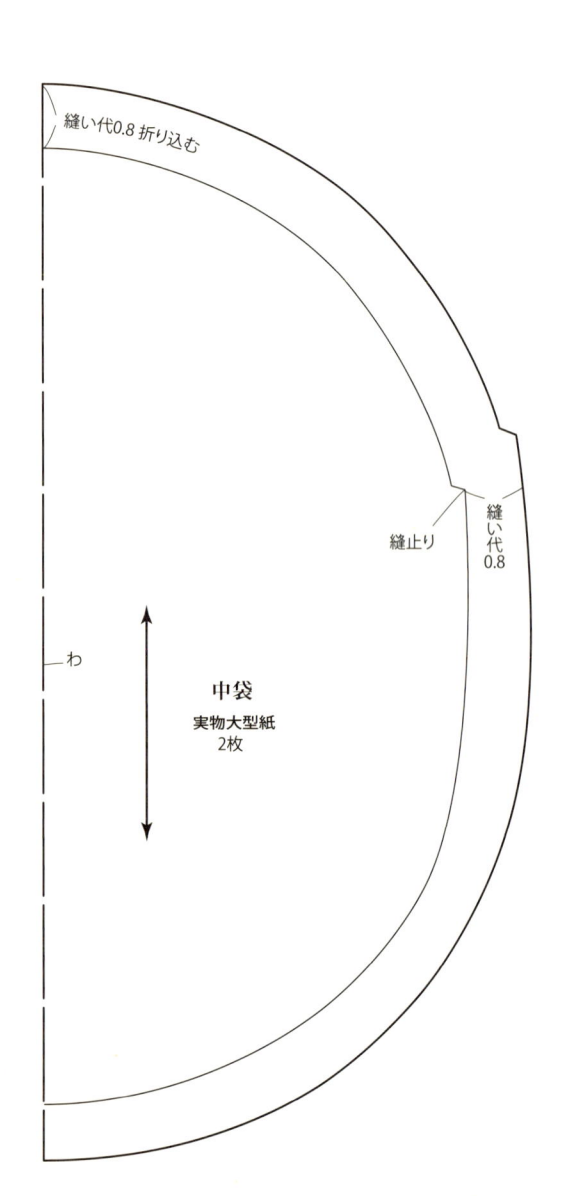

まとめ方

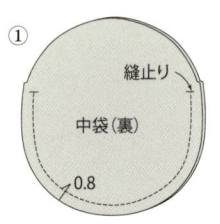

① 中袋を型紙どおりに裁断し、中表に合わせて縫止まで縫い、縫い代を割る 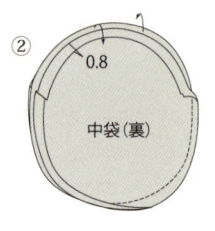
　中袋（裏）　縫止り　0.8

② 入れ口の縫い代を裏側に折り込む 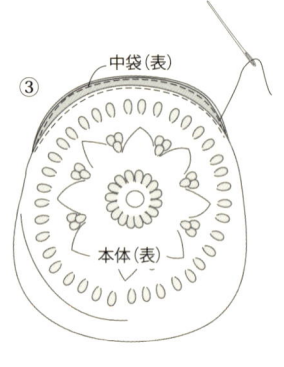
　中袋（裏）　0.8

③ 本体に中袋を入れ、縁編みと中袋を縫い合わせる 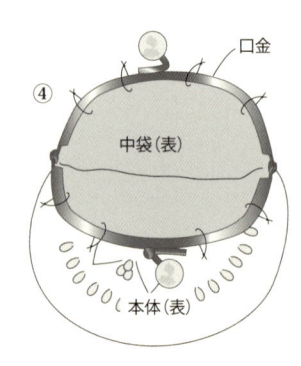
　中袋（表）　本体（表）

④ 縁編みを口金にはさみ込み、数か所をミシン糸でとめておく 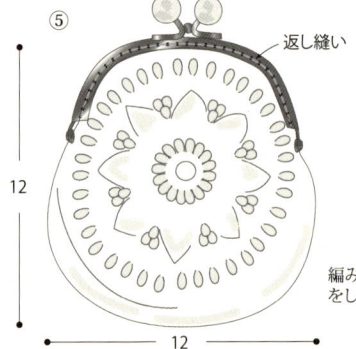
　口金　中袋（表）　本体（表）

⑤ 編み地と口金を、ミシン糸で返し縫いをしながら縫いとめる
　返し縫い
　12
　12

縫い代0.8 折り込む
わ
縫止り
縫い代0.8
中袋　実物大型紙　2枚

本体から70目拾う

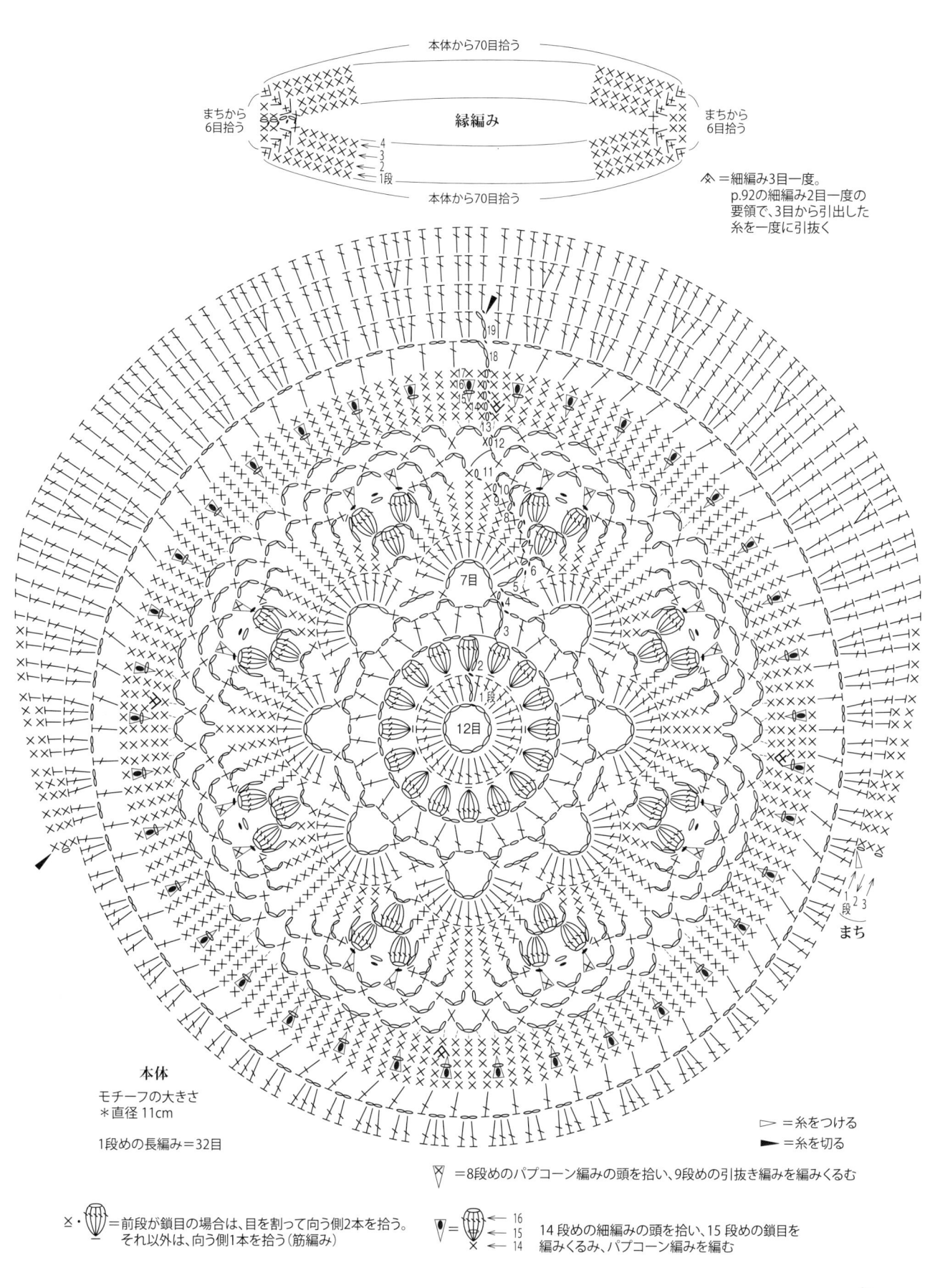

縁編み

まちから6目拾う

本体から70目拾う

まちから6目拾う

Λ =細編み3目一度。p.92の細編み2目一度の要領で、3目から引出した糸を一度に引抜く

本体
モチーフの大きさ
＊直径11cm

1段めの長編み=32目

▷ =糸をつける
▶ =糸を切る

⊠・=前段が鎖目の場合は、目を割って向う側2本を拾う。それ以外は、向う側1本を拾う(筋編み)

▽ =8段めのパプコーン編みの頭を拾い、9段めの引抜き編みを編みくるむ

= 14段めの細編みの頭を拾い、15段めの鎖目を編みくるみ、パプコーン編みを編む

BAG P.45 / MOTIF → NO. 17 《 P.12 》
ポケットバッグ

* **材料**
  クロッシュコットン　生成り（42）60g
* **用具**　2号レース針、3/0号かぎ針、とじ針
* **サイズ**　幅30cm、深さ27cm
* **編み方**
  糸はふたは1本どり、それ以外は2本どりで編む。ふた、底と本体を編み、ふたと底を中表に合わせて2枚一緒に細編みで編む。あき口はふた1枚のみを編む。

MOTIF NO. 17 《 P.12 》

ふた　2号レース針
14段
11

2本どり・3/0号かぎ針

底（表）　ボタンループ
細編み1段
ふた（裏）　あき口 22目
74目
底と2枚一緒に編む

ふた（表）
あき口から本体を中にしまう

ふた　1本どり・2号レース針

1段めの長編み＝32目
底と中表に合わせて2枚一緒に細編みを編む（2本どり・3/0号かぎ針）

7目
12目

ボタンループ 10目
あき口はふた1枚のみを編む

▽ ＝8段めのパプコーン編みの頭を拾い、9段めの引抜き編みを編みくるむ

× ・ ⊕ ＝前段が鎖目の場合は、目を割って向う側2本を拾う。それ以外は、向う側1本を拾う（筋編み）

▷ ＝糸をつける
▶ ＝糸を切る

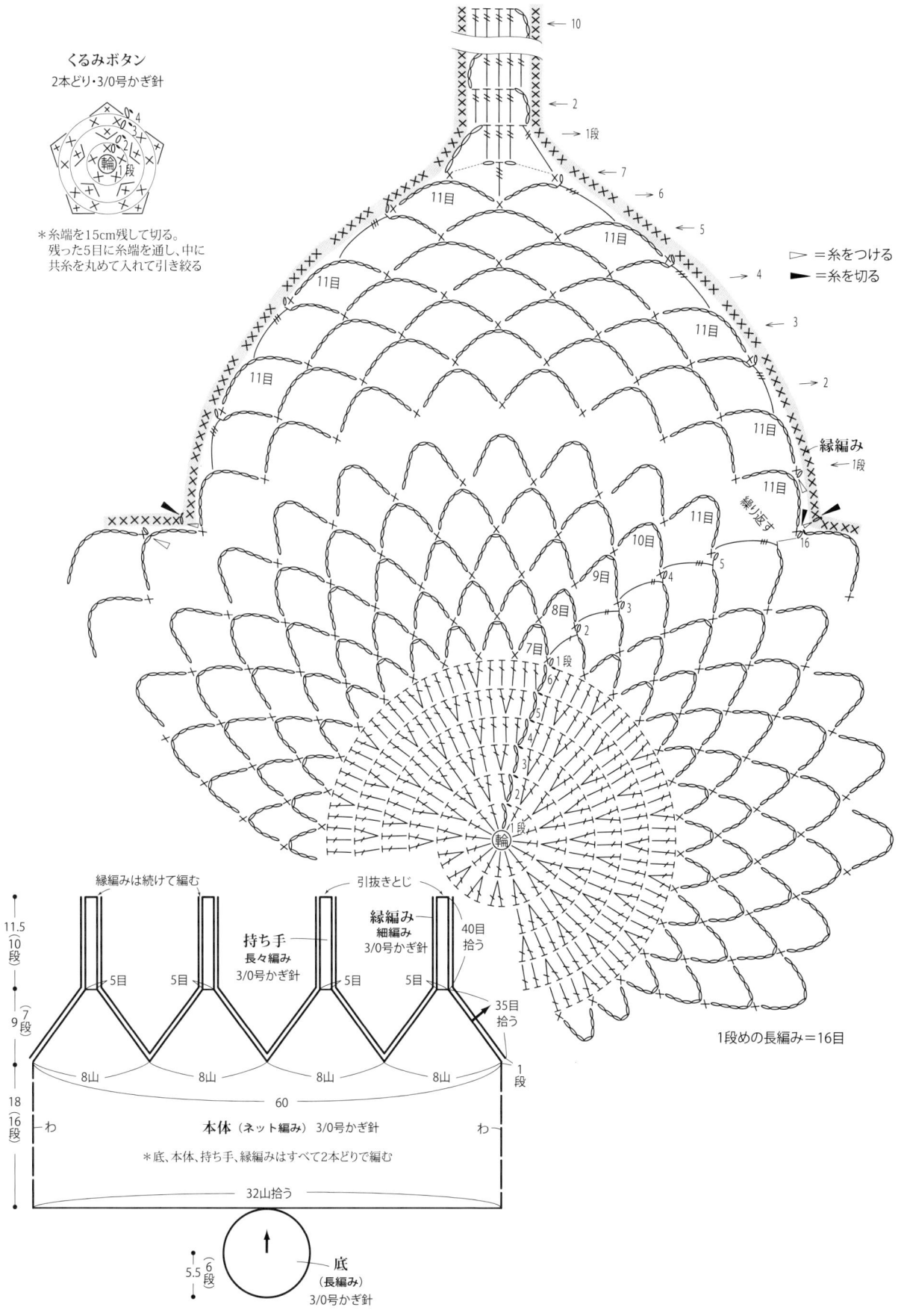

くるみボタン
2本どり・3/0号かぎ針

＊糸端を15cm残して切る。
残った5目に糸端を通し、中に
共糸を丸めて入れて引き絞る

▷ = 糸をつける
▶ = 糸を切る

縁編み ←1段

繰り返す

1段めの長編み＝16目

縁編みは続けて編む
引抜きとじ
持ち手 長々編み 3/0号かぎ針
縁編み 細編み 3/0号かぎ針
40目拾う
35目拾う

11.5 (10段) / (7段) 9段
5目 5目 5目 5目
8山 8山 8山 8山
60
18 (16段)
わ
本体（ネット編み）3/0号かぎ針
＊底、本体、持ち手、縁編みはすべて2本どりで編む
32山拾う

5.5 (6段)
底（長編み）3/0号かぎ針

LARIAT & MUFFLER P.36、37 / MOTIF → NO. 45 《 P.27 》
エジングラリエット　エジングマフラー

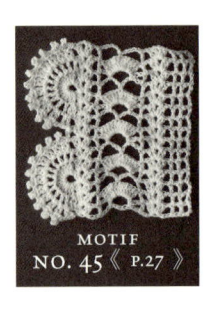

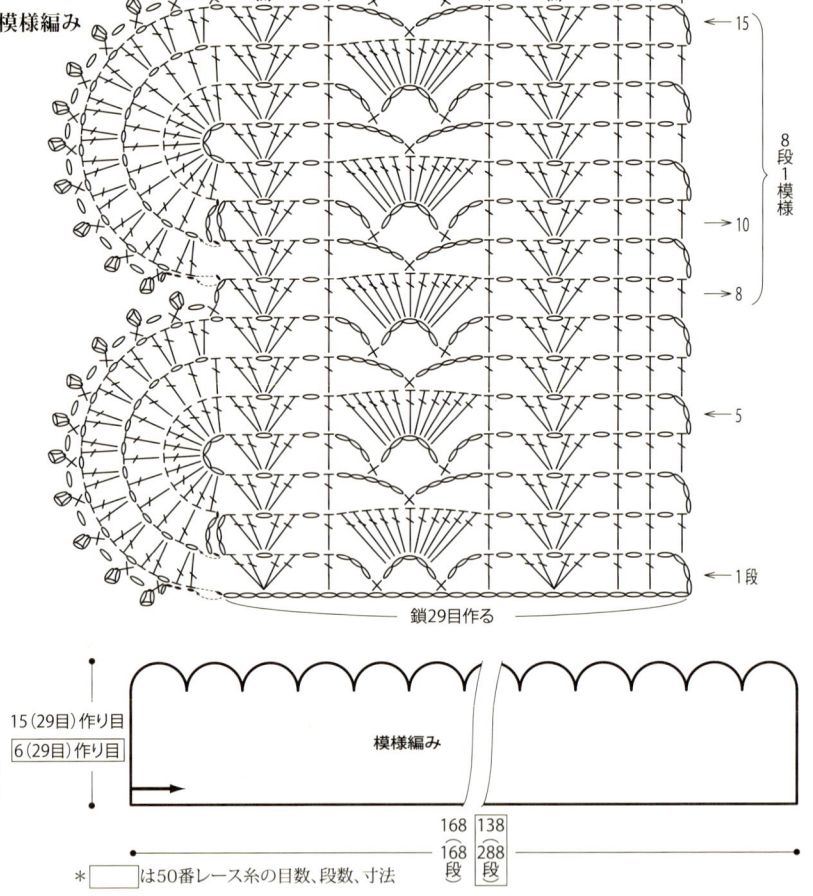

MOTIF NO. 45 《P.27》

* 材料
  ラリエットは50番レース糸　白30g
  マフラーはファインモヘヤ　白(1)50g
* 用具
  ラリエットは10号レース針、とじ針
  マフラーは5/0号かぎ針、とじ針
* ゲージ
  ラリエットは模様編み48目21段が10cm四方
  マフラーは模様編み18目10段が10cm四方
* サイズ
  ラリエットは幅6cm、長さ138cm
  マフラーは幅15cm、長さ168cm
* 編み方（共通）
  糸は1本どりで編む。鎖目の作り目をし、4段までは鎖29目分の模様編みを編む。5段めからスカラップ部分を一緒に編み進む。

模様編み

8段1模様

鎖29目作る

15（29目）作り目
6（29目）作り目
模様編み

168　138
168　288
段　段

□は50番レース糸の目数、段数、寸法

NECKLACE & BRACELET P.42 / MOTIF → NO. 19 《 P.13 》
モチーフネックレス&ブレスレット

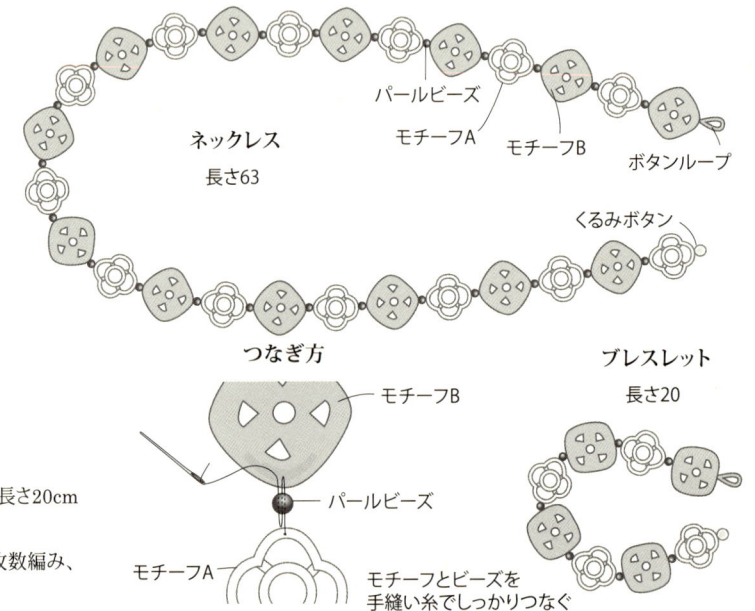

MOTIF NO. 19 《P.13》

* 材料
  50番レース糸　白、生成り各5g、
  直径3mmのパールビーズ32個、手縫い糸
* 用具　10号レース針、とじ針
* サイズ　ネックレスは長さ63cm、ブレスレットは長さ20cm
* 編み方
  糸は1本どりで編む。それぞれのモチーフを必要枚数編み、手縫い糸でつないで仕上げる。

ネックレス　長さ63
パールビーズ
モチーフA
モチーフB
ボタンループ
くるみボタン
つなぎ方
モチーフB
パールビーズ
モチーフA
ブレスレット　長さ20
モチーフとビーズを手縫い糸でしっかりつなぐ

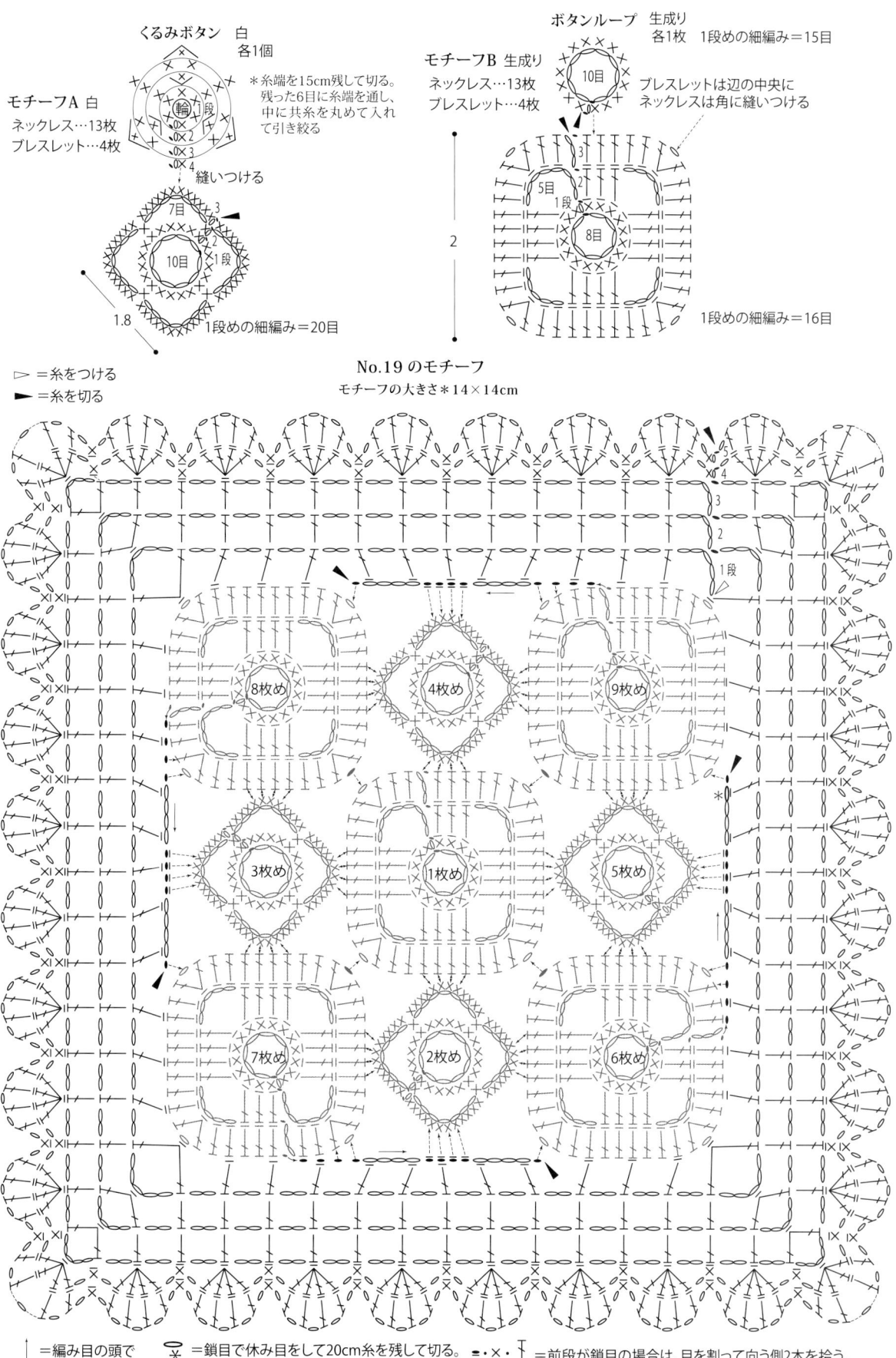

No.19のモチーフ
モチーフの大きさ＊14×14cm

モチーフA 白
ネックレス…13枚
ブレスレット…4枚
1段めの細編み＝20目

くるみボタン 白
各1個
＊糸端を15cm残して切る。残った6目に糸端を通し、中に共糸を丸めて入れて引き絞る
縫いつける

モチーフB 生成り
ネックレス…13枚
ブレスレット…4枚
1段めの細編み＝16目

ボタンループ 生成り
各1枚　1段めの細編み＝15目
ブレスレットは辺の中央に
ネックレスは角に縫いつける

▷ ＝糸をつける
▶ ＝糸を切る

↓ ＝編み目の頭で編みつなぐ
⊛ ＝鎖目で休み目をして20cm糸を残して切る。9枚めのモチーフを編んでから引き抜く
×･× ＝前段が鎖目の場合は、目を割って向う側2本を拾う。それ以外は向う側1本を拾う（筋編み）

STOLE & BAG P.50、51 / MOTIF → NO.35 《 P.24 》

モチーフストール　グラニーバッグ

MOTIF NO. 35 《P.24》

* **材料**
  ストールはクロッシュコットン　白(41) 130g
  バッグはクロッシュコットン　水色120g、チェック生地(裏布用)
  50×60cm、バンブー持ち手の丸13cm1組み、
  ミシン糸
* **用具**　ストールは2/0号かぎ針、とじ針／バッグは0号レース針、とじ針
* **サイズ**　ストールは幅28cm、長さ140cm／バッグは幅35cm、深さ25cm
* **編み方**（共通）
  糸は1本どりで編む。モチーフAを必要枚数編み、裏面を表にしてモチーフB、Cと図のように編みつなぐ。バッグは縁編み、見返しを編み、裏布と合わせて持ち手に縫いつける。

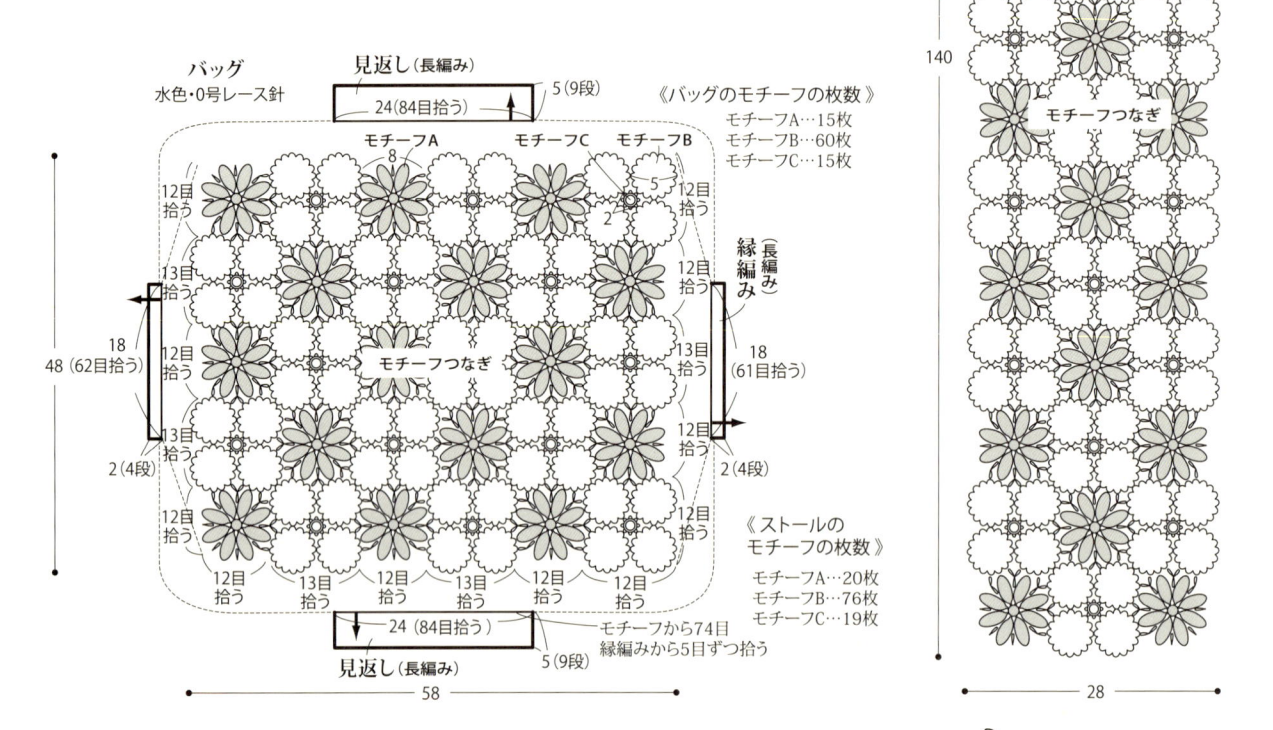

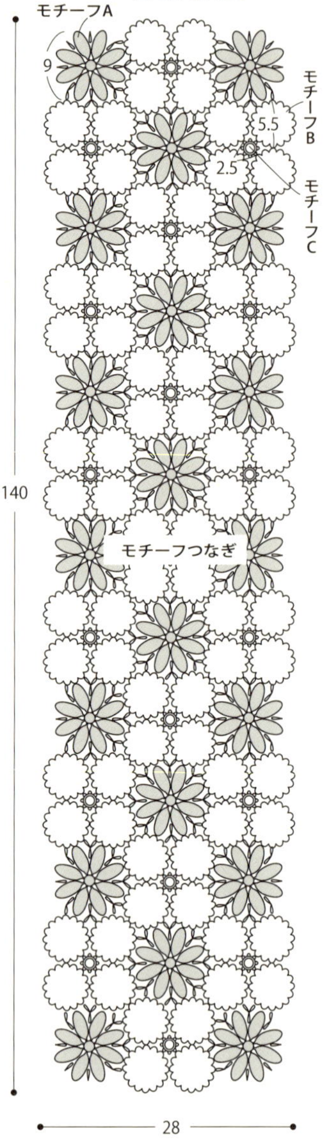

ストール
白・2/0号かぎ針

＊モチーフAはすべて、裏面を表にしてつなぐ

モチーフA
モチーフB
モチーフC

9
5.5
2.5

140
モチーフつなぎ
28

バッグ
水色・0号レース針

見返し（長編み）
24（84目拾う）　5（9段）

モチーフA　モチーフC　モチーフB
8
12目拾う
5
2
13目拾う
12目拾う
18 (61目拾う)
縁編み（長編み）
モチーフつなぎ
13目拾う
12目拾う
2（4段）
12目拾う
13目拾う　12目拾う　13目拾う　12目拾う　12目拾う
24（84目拾う）　5（9段）
見返し（長編み）
モチーフから74目　縁編みから5目ずつ拾う

48
18
2（4段）
58

《バッグのモチーフの枚数》
モチーフA…15枚
モチーフB…60枚
モチーフC…15枚

《ストールのモチーフの枚数》
モチーフA…20枚
モチーフB…76枚
モチーフC…19枚

まとめ方

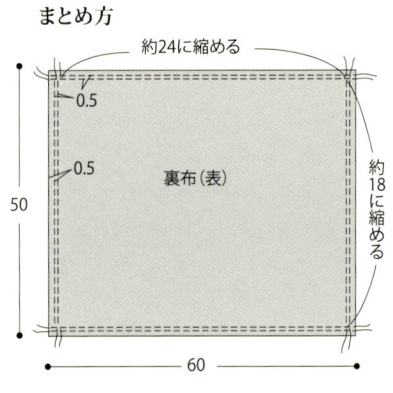

約24に縮める
0.5
0.5
裏布（表）
50
60
約18に縮める

左右、上下に0.5間隔で2本ぐし縫いをし、ギャザーを寄せて指定の寸法に縮める

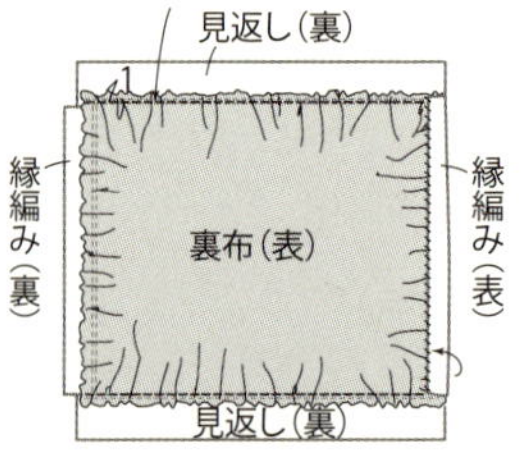

見返しに裏布を1重ねて縫いとめる
見返し（裏）
縁編み（裏）　縁編み（表）
裏布（表）
1
見返し（裏）

バッグ本体と裏布を外表に合わせ、脇の縁編みを中央で折り、裏布のぐし縫い部分をくるみ、まつり縫いで縫いとめる

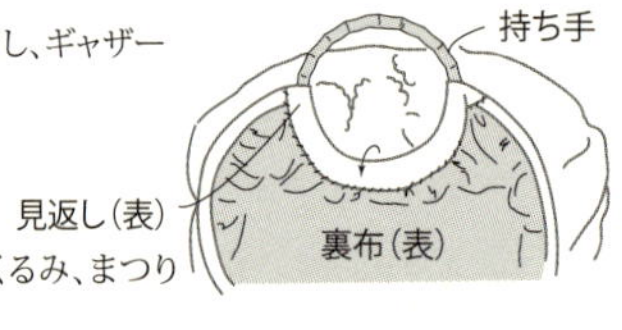

持ち手
見返し（表）
裏布（表）

見返しで持ち手をくるみ、まつり縫いをする

モチーフA

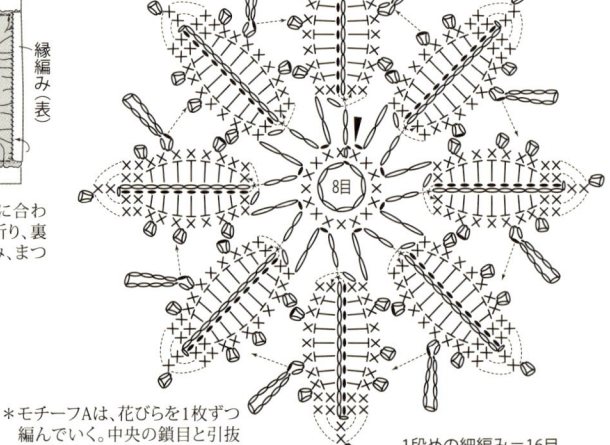

8目

＊モチーフAは、花びらを1枚ずつ編んでいく。中央の鎖目と引抜き編みは、ゆるめに編む

1段めの細編み＝16目

▷ =糸をつける ■ =糸を切る
↕ =編み目の頭で編みつなぐ

バッグ見返し

バッグ縁編み

B

8目

C

12目

モチーフB、Cの編み方とつなぎ方

モチーフA
（裏面）

STOLE P.44 / MOTIF → NO. 25 《 P.18 》
リングストール

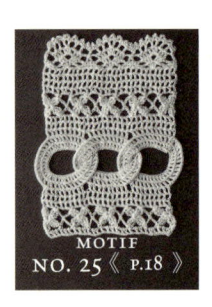

* **材料**　極細モヘヤ糸　ブルーグリーン100g
* **用具**　2/0号かぎ針、とじ針
* **ゲージ**　模様編み18ます15段が10cm四方
* **サイズ**　幅26cm、長さ165cm
* **編み方**　糸は1本どりで編む。初めにリングモチーフを33枚編みつなぎ、リングモチーフの上下からそれぞれ拾い目をして模様編みを編む。

リングモチーフ　33枚　40目

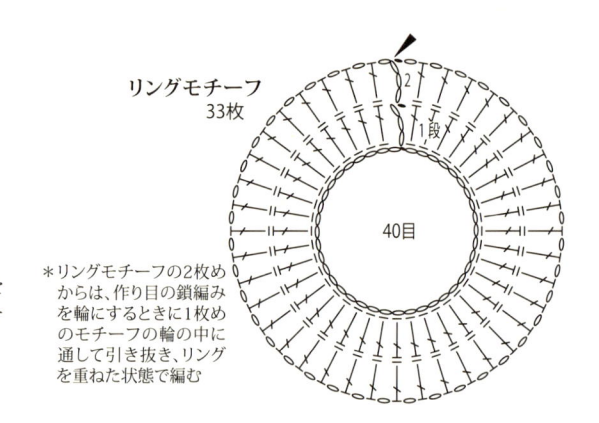

*リングモチーフの2枚めからは、作り目の鎖編みを輪にするときに1枚めのモチーフの輪の中に通して引き抜き、リングを重ねた状態で編む

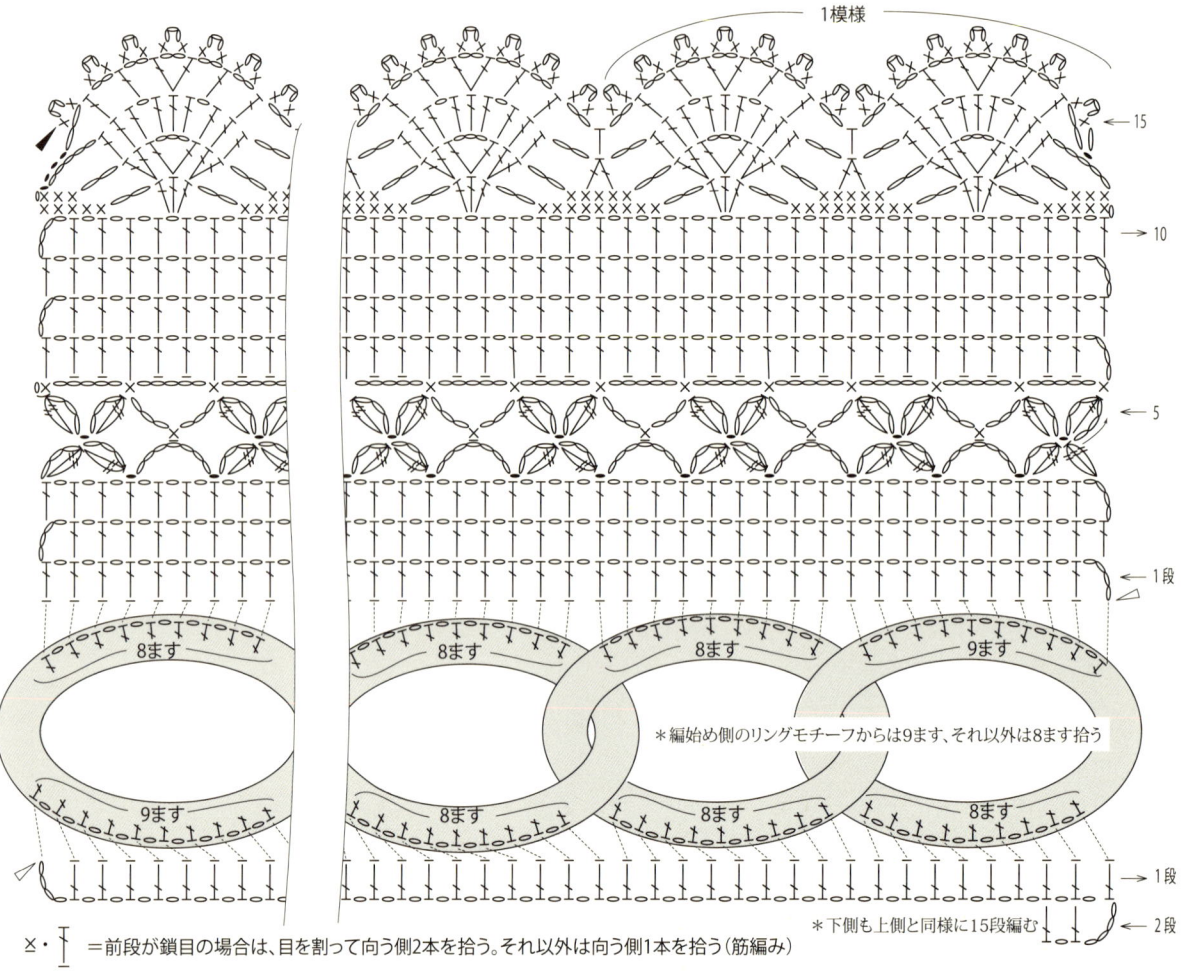

*編始め側のリングモチーフからは9ます、それ以外は8ます拾う

*下側も上側と同様に15段編む

× ・ ＝前段が鎖目の場合は、目を割って向う側2本を拾う。それ以外は向う側1本を拾う（筋編み）

▷ ＝糸をつける
▶ ＝糸を切る

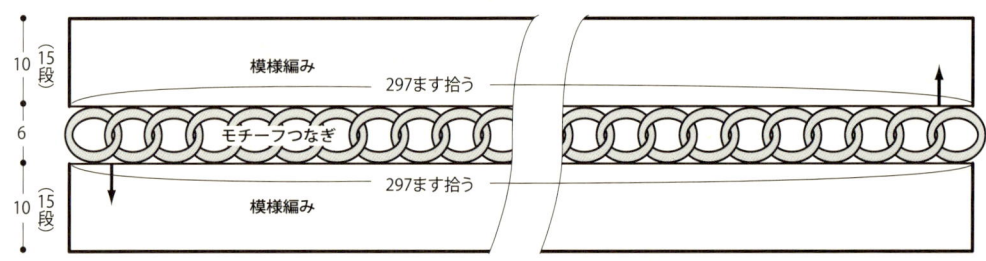

165(33枚)　297ます拾う　模様編み　10(15段)　モチーフつなぎ　6

編み目記号と編み方

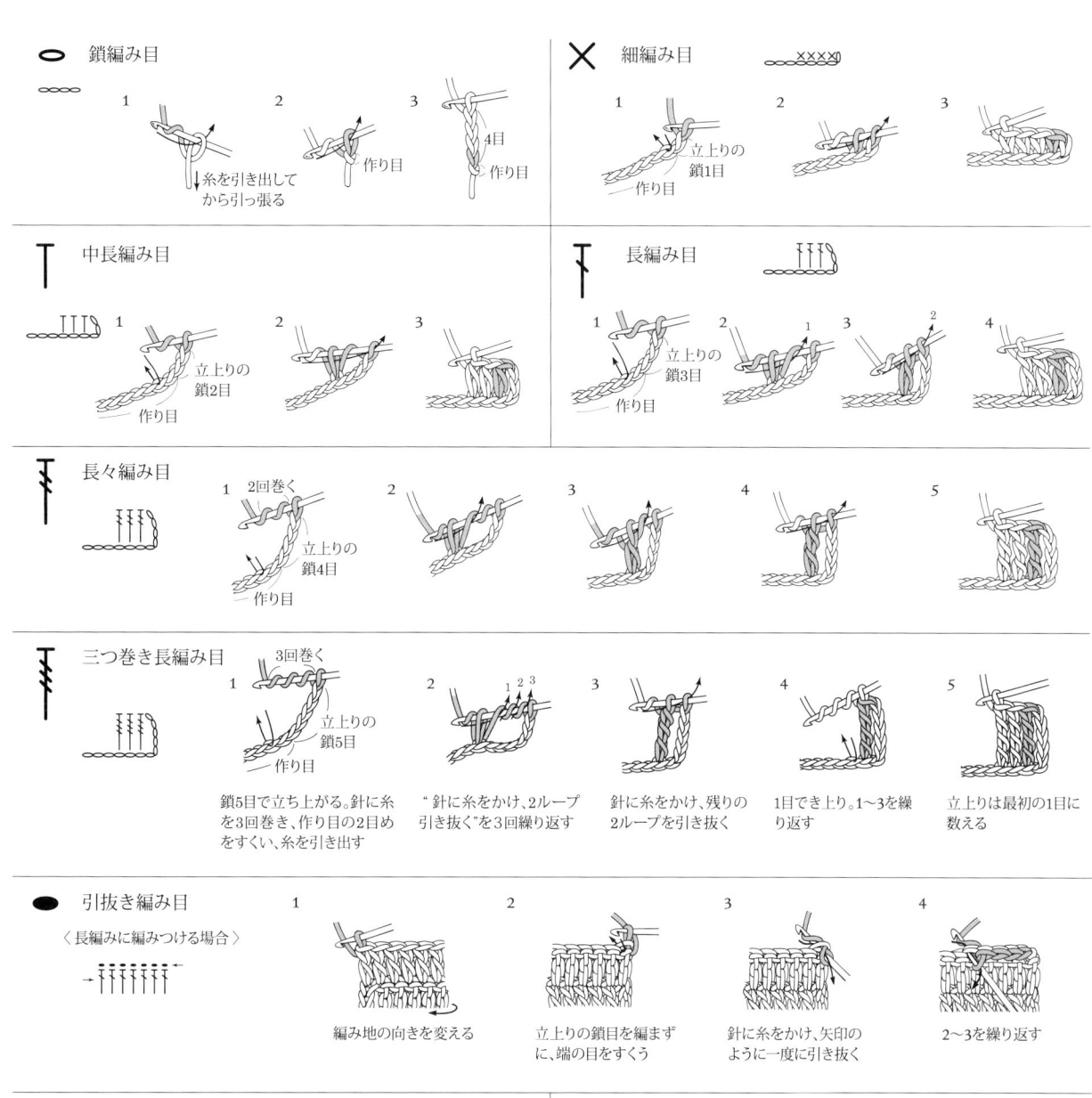

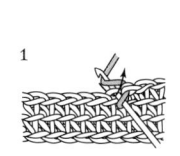

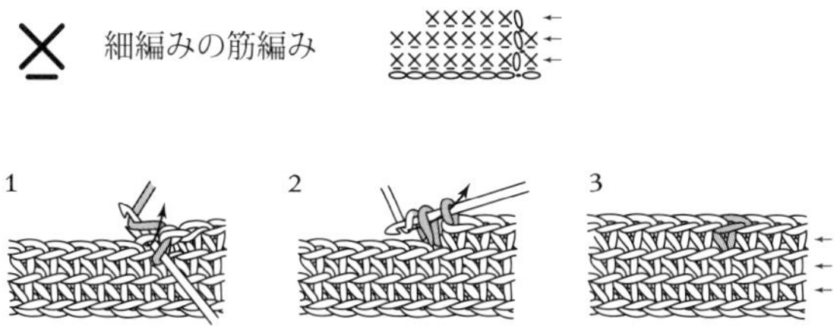

○ 鎖編み目
1. 糸を引き出してから引っ張る
2. 作り目
3. 4目 作り目

✕ 細編み目
1. 作り目 立上りの鎖1目
2.
3.

T 中長編み目
1. 立上りの鎖2目 作り目
2.
3.

T 長編み目
1. 立上りの鎖3目 作り目
2.
3.
4.

長々編み目
1. 2回巻く 立上りの鎖4目 作り目
2.
3.
4.
5.

三つ巻き長編み目
1. 鎖5目で立ち上がる。針に糸を3回巻き、作り目の2目めをすくい、糸を引き出す 立上りの鎖5目 作り目
2. "針に糸をかけ、2ループ引き抜く"を3回繰り返す
3. 針に糸をかけ、残りの2ループを引き抜く
4. 1目でき上り。1～3を繰り返す
5. 立上りは最初の1目に数える

● 引抜き編み目
〈長編みに編みつける場合〉

1. 編み地の向きを変える
2. 立上りの鎖目を編まずに、端の目をすくう
3. 針に糸をかけ、矢印のように一度に引き抜く
4. 2～3を繰り返す

✕ 細編みの筋編み
1. 前段の頭の目の向う側の糸をすくう
2. 細編みを編む
3. 毎段、表側に筋が残るように、前段の頭の鎖目の向う側1本をすくって編む

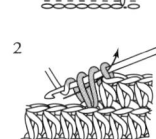

T 中長編みの筋編み
長編み、長々編みの筋編みの場合も、同じ要領で前段の頭の鎖目の向う側をすくう

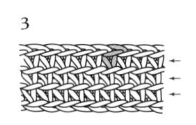

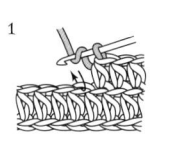

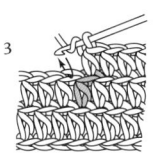

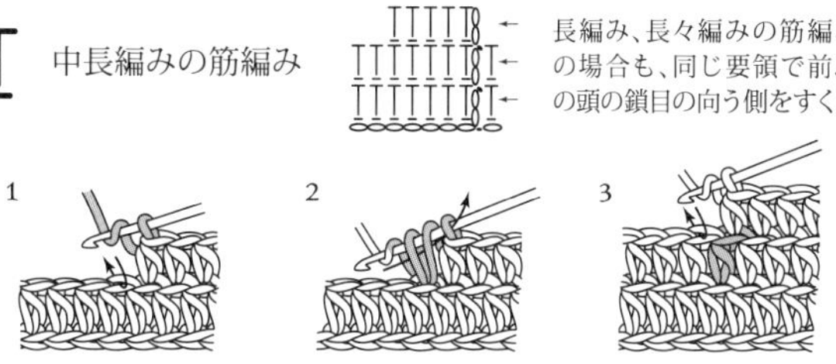

1. 針に糸をかけ、前段の頭の鎖目の向う側の糸をすくう
2. 中長編みを編む
3. 毎段、表側に筋が残るように、前段の頭の鎖目の向う側の1本をすくって編む

細編み2目編み入れる
1. 同じところに細編みを2目編む
2. （でき上り）

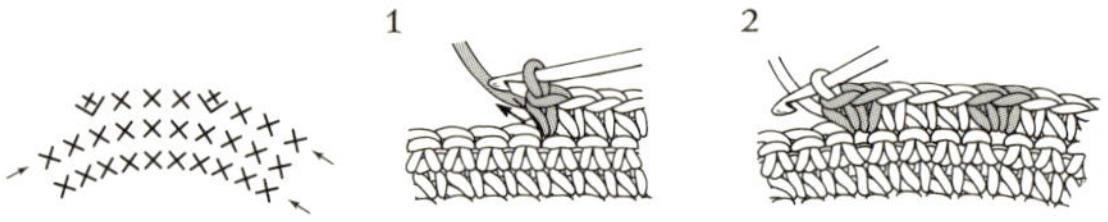

長編み2目編み入れる
1. 同じところに長編みを2目編む
2. （でき上り）

細編み3目編み入れる
1. 同じところに細編みを2目編む
2. 同じところにもう1目編む
3. でき上り。2目増える

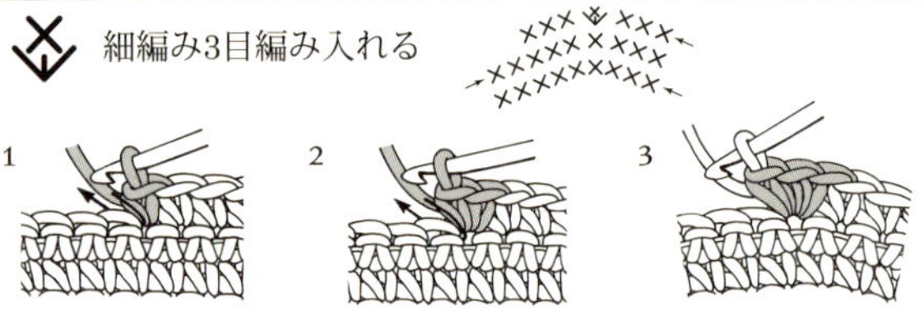

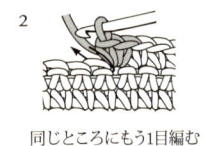

細編み2目一度
1. 1目めの糸を引き出し、次の目から糸を引き出す
2. 一度に引き抜く
3. でき上り。2目が1目になる

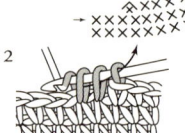

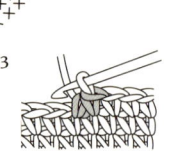

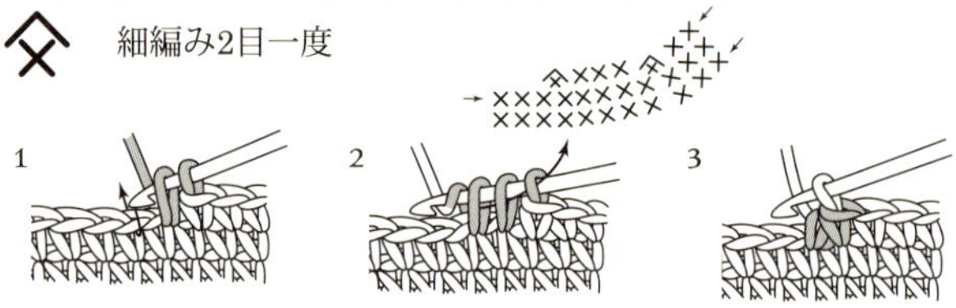

長編み2目の玉編み
1. 同じところに未完成の長編みを2目編む
2. 針に糸をかけ、一度に引き抜く
3. でき上り

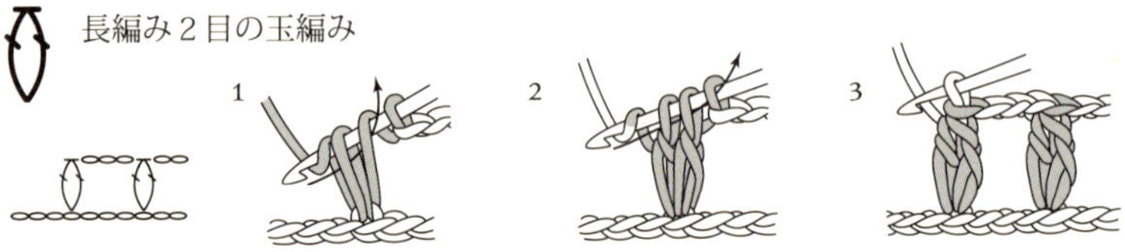

長々編み2目の玉編み
長編み2目の玉編みの要領で未完成の長々編み（P.91の説明1〜3）を2目編み、針に糸をかけて一度に引き抜く

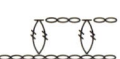

長編み2目一度
1. 未完成の長編みを2目編む
2. 2目一緒に長編みを完成させる
3. でき上り

長編み3目一度
長編み5目一度
2目一度の要領で未完成の長編み3目（5目）を編み、ループを一度に引き抜く

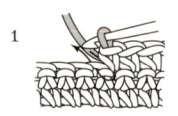

細編み裏引上げ編み目
1. 前段の足を向う側から針を入れてすくう
2. 針に糸をかけ、矢印のように編み地の向う側に引き出す
3. 少し長めに糸を引き出し、細編みの要領で編む
4.

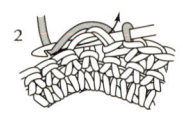

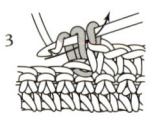

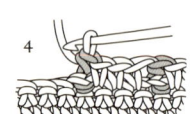

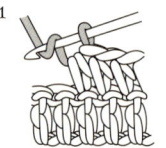

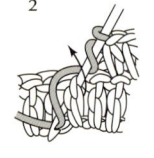

中長編み表引上げ編み目
1. 針に糸をかける
2. 前段の足を手前側からすくう
3. 針に糸をかけ、3ループを一度に引き抜く
4.

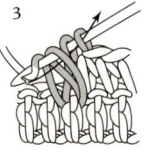

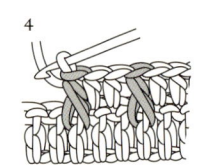

V と W の区別

〈根元がついている場合〉
前段の1目に全部の目を編み入れる場合は、根元をつけてかいている。前段が鎖編みのときは、鎖目の1本と裏側の山をすくって編む

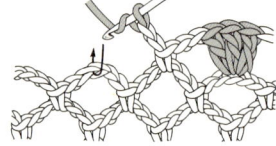

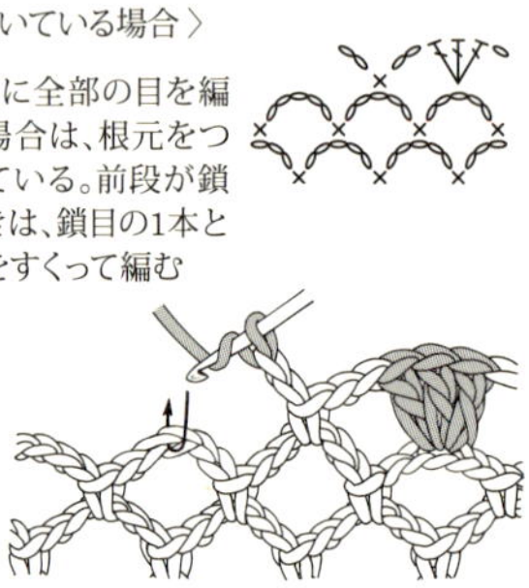

〈根元が離れている場合〉 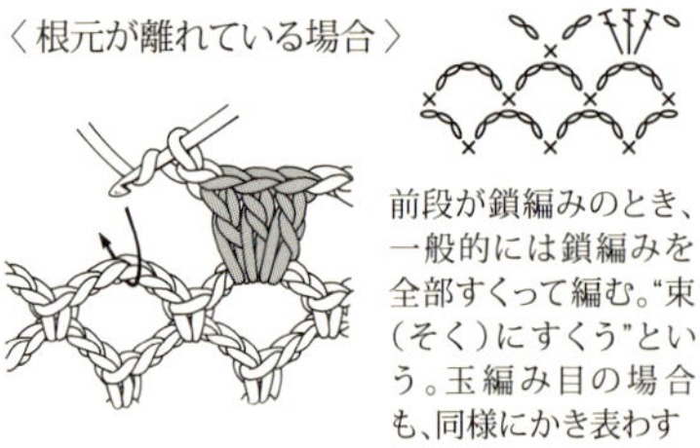
前段が鎖編みのとき、一般的には鎖編みを全部すくって編む。"束（そく）にすくう"という。玉編み目の場合も、同様にかき表わす

長編み5目のパプコーン編み目

1. 同じところに長編みを5目編み入れる
2. 針を抜き、矢印のように1目めから入れ直す
3. 矢印のように目を引き出す
4. 針に糸をかけ、鎖編みの要領で1目編む。この目が頭になる
5.

長編みクロス編み目

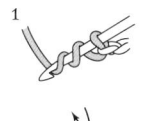

1. 針に糸を2回巻き、矢印をすくい、糸をかけて引き出す
2. 針に糸をかけ、2ループを一度に引き抜く
3. 針に糸をかけ、矢印をすくい、糸をかけて引き出し、2ループを引き抜く
4. 針に糸をかけ、2ループずつ番号順に長々編みの要領で編む
5. 鎖2目を編む。針に糸をかけ、矢印をすくって糸を引き出す
6. 長編みを編む
7. でき上り。間の鎖編みの目の数は模様によって異なる

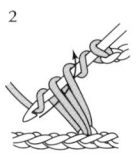

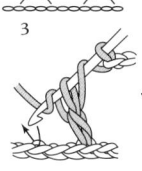

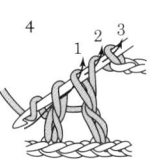

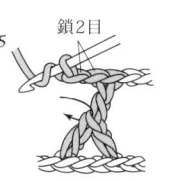

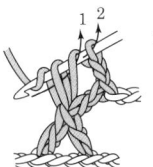

の編み方

1. 鎖7目を編み、針に糸をかけて矢印の位置に針を入れ、未完成の長編みを編む
2. 続く3目も同様に、未完成の長編みを編む
3. 未完成の長編みが4目編めたら、針に糸をかけ、矢印のように2ループを引き抜く
4. 次の目からも同様に2ループずつ引き抜く
5. 次の鎖7目を編む
6. 1〜4を繰り返し、同様に編んで完成

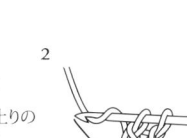

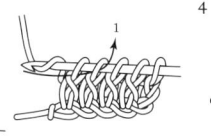

の編み方

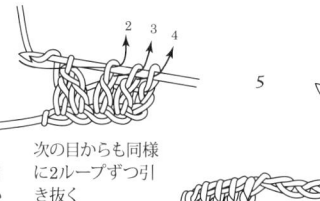

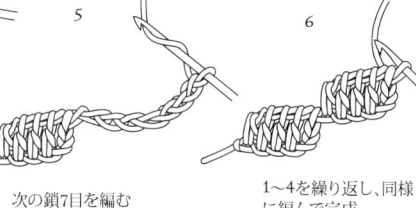

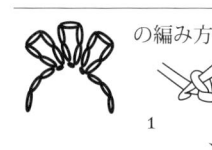

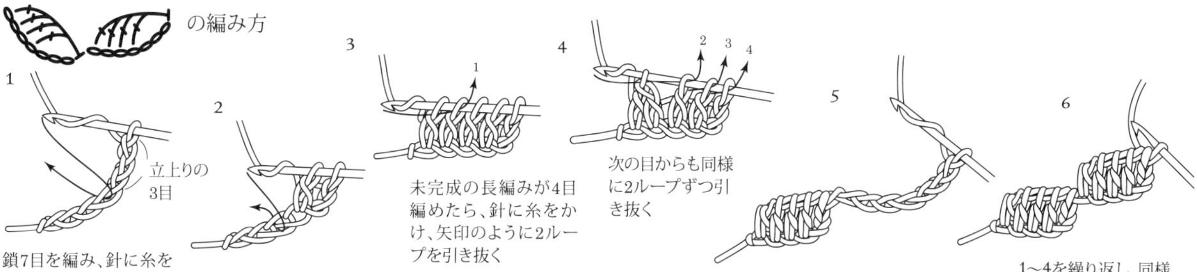

1. 鎖5目を編み、矢印の目をすくう
2. 針に糸をかけ、矢印のように一度に引き抜く
3. 最初のピコットの編み上り
4. 鎖5目を編み、1と同じ目をすくう
5. 2〜3と同様に、2つめのピコットを引き抜いてとめる
6. 同様に3つめのピコットを引き抜いてとめる

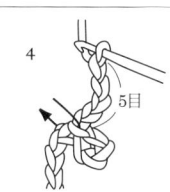

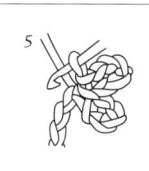

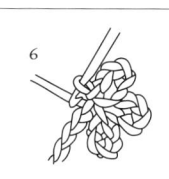

鎖3目の引抜きピコット

〈長編みに編みつける場合〉

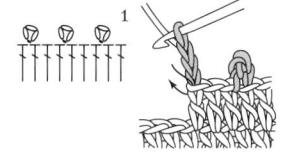

1. 鎖3目を編み、矢印のように根元の2本の糸をすくう
2. 針に糸をかけ、全部の糸を一度にきつめに引き抜く
3. でき上り

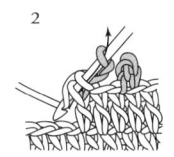

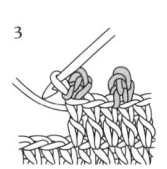

〈鎖編みに編みつける場合〉

1. 2本の糸をすくう
2. 針に糸をかけ、全部の糸を一度にきつめに引き抜く

鎖5目の引抜きピコット

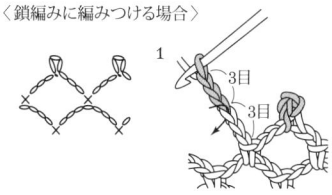

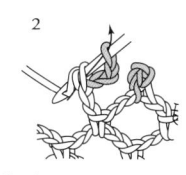

〈内側にして編む場合〉

1. 必要目数の鎖目を編み、2本の糸をすくう
2. 針に糸をかけ、全部の糸を一度にきつめに引き抜く
3. ピコットを矢印のように倒す
4. 続きの鎖目を編む
5.

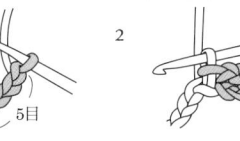

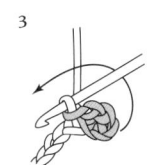

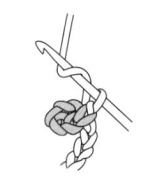

円形の編始め

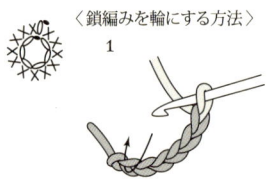

〈鎖編みを輪にする方法〉

1. 指定の目数の鎖編みを編み、1目めに針を入れる
2. 引き抜いて輪にする
3. 立上りの鎖編みを編む
4. 鎖編みと糸端を一緒にすくい、細編みを必要目数編む
5. 最初の目に引き抜く
6. 編上り。中心に穴があき、1段めの目数が多い場合に使う方法

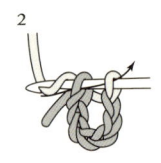

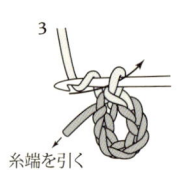

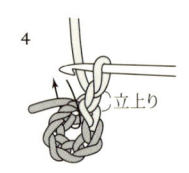

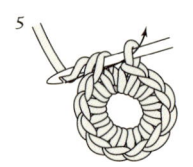

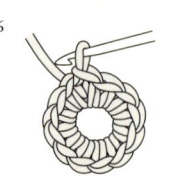

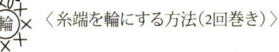

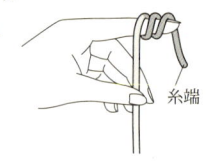

〈糸端を輪にする方法(2回巻き)〉

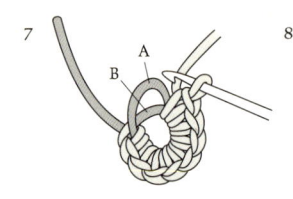

1. 指に糸を2回巻きつけ、二重の輪を作る
2. 輪を指からはずし、矢印のように糸を引き出す
3. もう一度糸をかけて引き抜き、締める
4. 最初の目は1目に数えない
5. 輪をすくって必要目数を編み、糸端を少し引く
6. 輪が小さくなったAの糸を矢印の方向に引き出す
7. Aの糸をしっかり引っ張り、Bの糸を引き締める
8. 糸端を引いてAの糸を引き締める
9. 最初の目の頭をすくう
10. きつめに引き抜く
11. 編上り。中心に穴があかず、ゆるまない

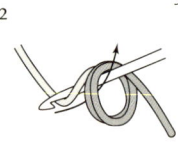

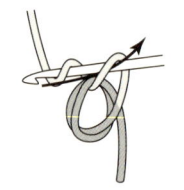

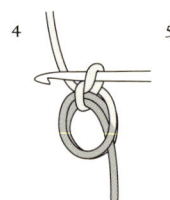

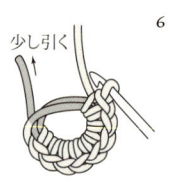

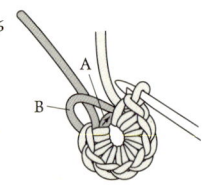

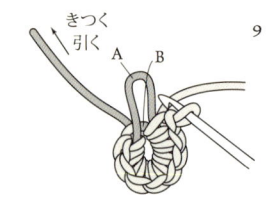

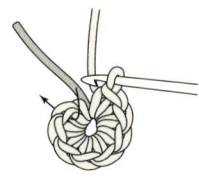

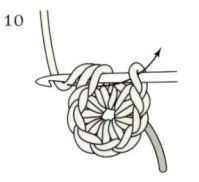

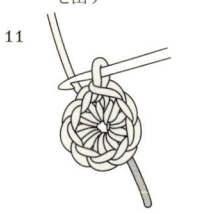

モチーフのつなぎ方

引抜き編みで編みながらつなぐ方法

1. 1枚めのモチーフに針を入れ、引抜き編みをきつめに編む
2. 鎖編みを編む
3. 引抜き編みでつながったところ
4. 続けて編み進む

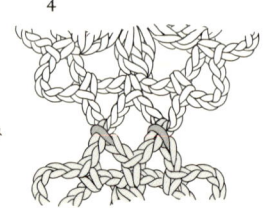

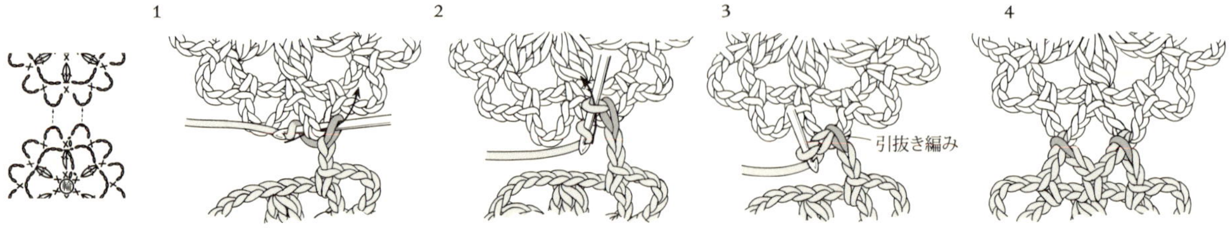

針を入れ替えて長編みでつなぐ方法

1. 針をはずし、1枚めのモチーフから矢印のように入れ替える
2. 針にかかっている目を引き出す
3. 針に糸をかけて長編みを編む
4. 中央の目の頭がつながる

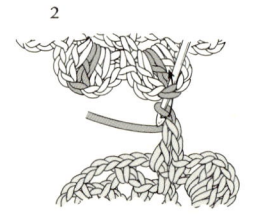

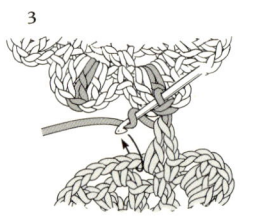

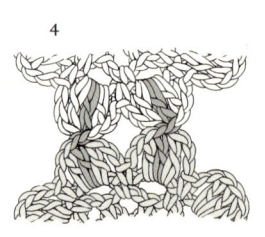

SHOP
LIST

ホビーラホビーレ　ショップリスト

*糸や材料の詳細はお近くのホビーラホビーレ各ショップ、またはホビーラホビーレホームページにお問い合わせください。

| 東北 |

| 盛岡川徳ホビーラホビーレ | 019-622-6155 |
| ホビーラホビーレ仙台アエル店 | 022-262-4550 |

| 関東 |

柏高島屋ホビーラホビーレ	04-7148-2166
そごう千葉店ホビーラホビーレ	043-245-2004
東武百貨店船橋店ホビーラホビーレ	047-425-2211
伊勢丹浦和店ホビーラホビーレ	048-834-3165
そごう大宮店ホビーラホビーレ	048-783-3078
ホビーラホビーレ自由が丘店	03-6421-2309
ホビーラホビーレ銀座店	03-6274-6526
日本橋髙島屋ホビーラホビーレ	03-3271-4564
京王百貨店新宿店ホビーラホビーレ	03-3342-2111
西武池袋本店ホビーラホビーレ	03-6912-7319
伊勢丹立川店ホビーラホビーレ	042-525-2671
小田急百貨店町田店ホビーラホビーレ	042-732-3125
ホビーラホビーレ横浜ロフト店	045-465-2759
横浜髙島屋ホビーラホビーレ	045-313-4472
ホビーラホビーレたまプラーザ店	045-903-2054

| 甲信越 |

| 新潟伊勢丹ホビーラホビーレ | 025-241-6062 |

| 東海 |

静岡伊勢丹ホビーラホビーレ	054-251-7897
ジェイアール名古屋タカシマヤホビーラホビーレ	052-566-8472
松坂屋名古屋店ホビーラホビーレ	052-264-2785

| 北陸 |

| 香林坊大和ホビーラホビーレ | 076-220-1295 |
| 富山大和ホビーラホビーレ | 076-424-1111 |

| 関西 |

阪急うめだ本店ホビーラホビーレ	06-6361-1381
大阪髙島屋ホビーラホビーレ	06-6631-1101
ホビーラホビーレ近鉄あべのハルカス店	06-6629-3770
ホビーラホビーレ阪急西宮ガーデンズ店	0798-64-1248
京都髙島屋ホビーラホビーレ	075-221-8811

| 中国 |

天満屋岡山本店ホビーラホビーレ	086-225-5329
そごう広島店ホビーラホビーレ	082-511-7688
福屋広島駅前店ホビーラホビーレ	082-568-3640

| 九州 |

| ホビーラホビーレＪＲ博多シティ店 | 092-413-5070 |
| 福岡岩田屋ホビーラホビーレ | 092-723-0350 |

*ショップリストは 2021 年 8 月現在のもので、変更になる場合があります。

株式会社ホビーラホビーレ

TEL.0570-037-030（代表）
https://www.hobbyra-hobbyre.com

COLLABORATOR

福岡美津子　Fukuoka Mitsuko
フランスの北西部、ノルマンディー地方の海辺に15年間暮らし、
2005年、東京都内にフランス雑貨と西洋アンティークの店をオープン。
以来、フランスと日本を行き来しながら、古いものを暮らしに生かす
ハンドメイドやライフスタイルの提案を続けている。

企画、作品デザイン、製作
　　ホビーラホビーレ（酒井恵美、堀内真弓、荒川眞澄、森山絵美）
アンティークの編み方検証　　野村早苗

STAFF
ブックデザイン　　天野美保子
撮影　　三木麻奈
スタイリング　　曲田有子
作り方、トレース　　西田千尋（fève et fève）
基礎編みトレース　　安藤能子（fève et fève）
校閲　　鈴木美知子
編集　　望月いづみ
　　　　大沢洋子（文化出版局）

アンティーククロッシェより
50のモチーフと22の作品集
文化出版局編

2011年3月4日　第1刷発行
2021年9月13日　第7刷発行

発行者　濱田勝宏
発行所　学校法人文化学園 文化出版局
　　　　〒151-8524　東京都渋谷区代々木 3-22-1
　　　　tel.03-3299-2489（編集）
　　　　tel.03-3299-2540（営業）
印刷・製本所　株式会社文化カラー印刷

© 学校法人文化学園 文化出版局 2011　Printed in Japan
本書の写真、カット及び内容の無断転載を禁じます。

・本書のコピー、スキャン、デジタル化等の無断複製は著作権法上での例外を除き、禁じられています。
　本書を代行業者等の第三者に依頼してスキャンやデジタル化することは、たとえ個人や家庭内での利用でも著作権法違反になります。
・本書で紹介した作品の全部または一部を商品化、複製頒布、及びコンクールなどの応募作品として出品することは禁じられています。
・撮影状況や印刷により、作品の色は実物と多少異なる場合があります。ご了承ください。

文化出版局のホームページ http://books.bunka.ac.jp/
書籍編集部情報や作品投稿などのコミュニティサイト http://fashionjp.net/community/